中国农村经济与社会治理

中央财经大学中央高校基本科研业务费专项资金资助
国家社科基金青年项目（项目编号：23CSH088）阶段性成果

多部门参与下
儿童保护服务体系研究

Research on Multi-Agency Child
Protection Service Systems

崔　萌◎著

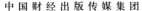

中国财经出版传媒集团

经济科学出版社
Economic Science Press

·北 京·

图书在版编目（CIP）数据

多部门参与下儿童保护服务体系研究/崔萌著．
北京：经济科学出版社，2024.8. -- （中国农村经济
与社会治理研究）. -- ISBN 978 - 7 - 5218 - 5971 - 3

Ⅰ. D922.74

中国国家版本馆 CIP 数据核字第 2024E8G932 号

责任编辑：王　娟　徐汇宽
责任校对：王肖楠
责任印制：张佳裕

多部门参与下儿童保护服务体系研究
DUOBUMEN CANYUXIA ERTONG BAOHU FUWU TIXI YANJIU
崔　萌　著
经济科学出版社出版、发行　新华书店经销
社址：北京市海淀区阜成路甲 28 号　邮编：100142
总编部电话：010 - 88191217　发行部电话：010 - 88191522
网址：www. esp. com. cn
电子邮箱：esp@ esp. com. cn
天猫网店：经济科学出版社旗舰店
网址：http://jjkxcbs. tmall. com
北京季蜂印刷有限公司印装
710 × 1000　16 开　10 印张　200000 字
2024 年 8 月第 1 版　2024 年 8 月第 1 次印刷
ISBN 978 - 7 - 5218 - 5971 - 3　定价：42.00 元
（图书出现印装问题，本社负责调换。电话：010 - 88191545）
（版权所有　侵权必究　打击盗版　举报热线：010 - 88191661
QQ：2242791300　营销中心电话：010 - 88191537
电子邮箱：dbts@ esp. com. cn）

目　　录

第 一 章

绪　论

第 一 节　问 题 陈 述

世界上有许多事情可以等待

但孩子是不能等待的

他的骨在长，他的血在生

他的意识在形成

我们对他的一切不能答以明天

他的名字是今天。

————智利诗人　加夫列拉·米斯特拉尔（Gabriela Mistral）

自 1978 年改革开放以来，我国社会变迁迅速（肖瑛，2014）。在家庭领域，平均每户家庭的人口数日益减少。1953 年平均每户家庭的人口数为 4.33 人，1990 年缩减到 3.96 人，2000 年缩减为 3.44 人，到 2020 年已经缩减为 2.62 人[①]。《中国家庭发展报告 2015》显示，2 人家庭、3 人家庭已成为我国家庭类型主体，核心家庭占六成以上；单人家庭、空巢家庭、单亲家庭以及流动家庭、留守家庭等家庭形态不断涌现。另外，除部分年份略有波动外，

---

① 国务院第七次全国人口普查领导小组办公室 . 2020 年第七次全国人口普查主要数据［M］. 北京：中国统计出版社，2021.

离婚率总体上快速上升，从 1978 年的 0.18‰升至 2019 年的 3.36‰，增长了
17 倍[①]。家庭是儿童成长的最重要场所，在儒文化影响下的我国，家庭更是
儿童福利的主要承担者（尚晓援、刘浪，2006）。家庭变迁，家庭保障功能
弱化，使儿童——这个最为脆弱、最无力抵御风险的群体的生存、健康与发
展等各个层面可能受到严重威胁。

近些年来，恶性儿童虐待案件频发，引起社会各界广泛关注以及对构建
儿童保护相关措施的反思。2015 年，贵州省毕节市，4 名留守儿童集体喝农
药中毒死亡，大的 13 岁，小的才 5 岁。[②] 2017 年，陕西渭南，6 岁的男童鹏
鹏被继母打成植物人入院，其后鹏鹏的继母和生父相继被判刑。[③] 诸如此类
的儿童虐待事件不胜枚举。总之，此类案件通常反映出以下特点：一是发生
领域多为家庭与学校等本应为儿童安全港湾的场所；二是施虐者多为对儿童
负有保护职责的监护人或者教师；三是虐待行为通常持续时间较长而未能得
到及时制止；四是社会大众明知存在虐待儿童事件，受制于文化和隐私保护
等方面的原因，通常不予通报；五是受虐儿童受虐后的辅导、康复与安置困
难（姚建龙，2014）。

在家丑不可外扬的文化以及父母对子女具有较多权力的背景下，殊不知，
这些骇人听闻的儿童受虐事件，只是冰山一角，没有被曝光的类似事件恐怕
还有更多。关于儿童虐待的发生率，国内外已有不少小样本研究，但因对儿
童虐待的定义、研究方法、使用样本等的不同，儿童虐待的发生率很难有一
个统一的结论。杨世昌、张迎黎、张东军、申丽娟与姚桂英（2014）等采用
Meta 分析方法，对 1989 ~ 2013 年发表在期刊中有关儿童虐待发生率的研究
文献进行推估，发现我国儿童遭受精神虐待、肢体虐待、照顾疏忽的比率在
30.5% ~72.3%。季（Ji）与芬克霍（Finkelhor）在 2015 年发表的论文中，
采用相似的方法，基于 47 篇关于我国样本的中外研究文献的分析，认为儿童

---

① 杨菊华，孙超. 我国离婚率变动趋势及离婚态人群特征分析 [J]. 北京行政学院报，2021
(2)：63 - 72.
② 毕节市七星关区 4 名儿童系服毒死亡，其母已联系上 [EB/OL]. (2015 - 06 - 12) [2024 -
05 - 15]. https：//www. bjqixingguan. gov. cn/xwzx - 500441/qxgyw/201707/t20170727_6918945. html.
③ 陕西渭南继母虐童案：男童生父因虐待罪、遗弃罪被判 3 年 [EB/OL]. (2019 - 12 - 24)
[2024 - 05 - 15]. https：//baijiahao. baidu. com/s? id =1653801215006828863&wfr = spider&for = PC.

身体虐待的发生率估计为 36.6%，显著高于玛瑞杰（Marije）和玛丽安（Marian）等学者（2013）对国际和亚洲估计的研究。在没有更权威统计数据的情况下，这些研究对于我们了解当前儿童受虐发生率有重要参考价值，也在提醒我们儿童虐待不是个别现象，而是一个隐蔽在家庭和社会背后的常发现象。近年来由于类似案件的伤害程度和发生率日趋严重，加之人们对儿童的重视日益加强，儿童受虐才作为一个严重社会问题通过媒体浮出水面。

与西方的研究类似，各项关于我国的样本研究表明，儿童受虐对儿童日后的发展影响极大，特别是儿童的心理健康、人格发展、行为规范与和谐人际关系等方面。在心理健康和人格发展方面，研究显示，父母对儿童的心理、行为攻击容易导致儿童焦虑的发生（Kwok et al.，2017；Wang et al.，2016）；父母对儿童的情绪虐待和身体虐待与儿童或青少年的自杀意念有显著正相关（Kwok et al.，2013；2019；2015；Lin et al.，2011）；童年创伤与青少年人格发展关联显著（Li et al.，2014）。在行为方面，研究表明，儿童性虐待（CSA）与儿童和青少年出现健康风险行为，如吸烟、酗酒、自杀意念和自杀企图（Lin et al.，2011）以及与大学生危险性行为和不良生殖健康有显著关联（Tang et al.，2018）。在人际交往方面，父母的严厉教养严重影响青少年的同伴接纳关系（Wang，2017）；父母的情绪虐待严重影响儿童与父母、老师、同龄人的人际关系（Lin et al.，2016）。此外，父母的虐待行为，在中国文化背景下，还存在着代际传递的效应（Wang et al.，2018）。

有鉴于如此高的儿童虐待发生率以及儿童虐待对儿童的不利影响，我们不禁要问，在新的时代脉络下，现有的福利体制为什么不能完全保护儿童？出了什么问题？虽然我国已加入了大多数有关儿童权利的国际公约，但也有学者在数年前的研究中认为，我国还尚未建立起现代儿童保护制度，虐待和忽视儿童的行为普遍存在（Katz，Shang & Zhang，2011）。最近几年，情况正在快速改变。各级政府已日益重视儿童保护工作，不仅通过和修订了相关法律，也密集出台了多项与儿童保护相关的政策。在中央政策的指导之下，各个有条件的地方政府依据自身情况，纷纷出台儿童保护的具体办法，尝试探索儿童保护的实践模式。儿童保护，就世界范围而言，是一个复杂的难题。无论是事前预防，如高风险家庭的发现与提早介入，还是事后救助，各地普遍实行的儿童虐待发生后的强制责任通报，基本会涉及民政、警政、司法、教育、医疗等各个部门以及社会组织的参与，它们角色的清晰定位、功能的有效发挥以及彼此间的协同努力关乎实践的成效。尤其，对我国这样一个儿童保护工作的后进国家而言，多部门共同参与之下的儿童保护工作自然也会面临诸多的难题。

位于东部沿海省份的 X 市，是最早一批根据中央政策探索建立儿童保护体系的城市之一。通过近几年的发展，X 市在政策和实践中逐步搭建起了儿童关爱与保护的政策行动架构，广泛调动了包括社区、民政部门、司法部门、儿童福利院、儿童救助中心、社会组织以及妇联、团委等部门的参与，具有较强的代表性。然而，根据笔者曾在 X 市参与儿童社会工作服务的经验来看，虽然这些部门在政策层面都被赋予了保护儿童的职责，但多部门参与的儿童保护服务体系却遇到诸多的挑战和困难。作为社会工作专业的研究者，笔者想要基于 X 市的实证研究探讨的是，在多部门共同参与的儿童保护服务体系中，各相关部门各自的职能和角色是什么？具体的功能是如何运作发挥的？面临的困境又是什么？

第二节　研　究　问　题

本书以 X 市作为研究场域，可以从中一窥儿童保护服务体系的基本样貌。基于多部门共同参与儿童保护工作，首先对儿童保护多元服务提供者职能与角色进行分析；紧接着从发现机制、受理机制、处遇机制、合作机制四个方面出发，系统梳理儿童保护服务体系的运作情况；在此基础上，深入探究多部门共同参与下儿童保护工作的困境及其成因。应当注意到，对以上三个研究问题的回答，即职能与角色－功能运作－实践困境，是一个连贯的过程，也是一个不断深入的过程。具体而言，本书将探究以下问题。

第一，X 市儿童保护体系中各部门的职能与角色各自是什么？儿童保护工作依赖并杂糅于传统的行政体系之中，并逐步有社会组织的参与。在 X 市儿童保护的具体实践中，社区、民政、妇联、团委、公安、检察院、社会组织以及学校、法院等各种各样的单位都是服务提供者。在本书中所关注的内容是：这些多元的服务提供者，各自的职能与角色是什么？

　　第二，X市儿童保护体系中各部门的功能是如何运作的？儿童保护服务体系的功能运作在此分为发现机制、受理机制、处遇机制和协调机制，前三者展示的是儿童保护服务体系的运作流程，后者主要阐述这个运作流程中的跨部门合作与协调。在本书中所关注的内容是：发现、受理、处遇、协调等环节，各部门的功能是如何运作的？

　　第三，X市多部门共同参与的儿童保护工作存在哪些困境？具体服务工作中存在的困境可能来自制度本身的不足，也可能来自制度在操作时遇到的困难，本书将兼顾这两者。在本书中，研究者所要探讨的是：从法律与政策、发现机制、受理机制、处遇机制、协调机制等角度来看，X市的儿童保护工作还存在哪些困境？

第三节　研究目的与意义

一、研究目的

　　通过梳理与分析各个部门的职能与角色，勾勒出当前儿童保护的资源地图。以此增进社会对于儿童保护服务体系中部门的组成、职能分工以及发展现状的整体认识，了解当前政府在儿童保护服务中的资源现状。

　　通过分析当前儿童保护服务体系的功能运作的现状与面临的困境，使相关人士在遇到儿童受虐事件时能够了解如何寻求帮助，可能的流程是什么，可能的局限有哪些。

　　儿童受虐是一个广泛存在的事实，对儿童的日后发展影响深远。在当前儿童保护还未形成体系化之际，本书试图通过系统梳理与分析，以增强社会对儿童受虐问题的关注，对儿童保护服务体系建设的关注，根本目的是为了增进儿童福祉。

二、研究意义

第一，知识生产方面的意义。本书是一项系统展现多部门共同参与的儿童保护服务体系现状的最新实证研究。对于各界系统了解儿童保护工作中各个部门的职能与角色、所能发挥的功能以及现实中存在的诸多困境有积极的作用。对于丰富相关研究领域的田野调查资料，促进儿童保护相关研究向前发展，是有一定意义的。从这个角度而言，本书在知识生产方面有较好的价值。

第二，法律与政策完善方面的意义。我国不是没有儿童保护领域的法律和具体的政策，而是法律和政策存在明显的漏洞与不足。我国也不是没有立意良好的儿童保护行动方略，而是方略无法有效地落地。本书较好地呈现了其中之漏洞、不足以及理想与现实之间的落差，并对未来法律与政策的发展与设计提供建议。因此，通过对 X 市本土经验的研究，可在更广泛的层面为类似的城市或地区儿童保护政策的发展与完善提供参考。

第三，实务发展方面的意义。作为一项社会工作的研究，除了在知识生产与政策完善方面的价值外，本书对于推动儿童保护实务的发展也有一定的意义。本书从发现机制、受理机制、处遇机制、跨部门合作机制等多方面呈现了 X 市现有儿童保护实务的困境，并从操作层面提出一些未来可以发展的方向的建议。对于有目的性和有侧重地弥补儿童保护工作实务的薄弱环节，具有一定的指导价值。

第二章

文献回顾

本章首先将解释儿童保护的相关概念和定义,包括儿童、儿童虐待、儿童保护政策、儿童保护服务体系。之后系统梳理了服务输送相关理论。接着通过梳理相关研究文献,概述了当前国际儿童保护服务模式。最后对我国儿童保护的研究现状做回顾,针对已有研究的不足之处提出本书之特色。

第一节 儿童保护相关概念与定义

一、儿童

对于"儿童"年龄的界定,各个国家和地区没有统一的标准。如,美国儿童福利服务的对象为未满十七岁的人;日本将儿童福利的对象扩及少年期,包括十八岁以下的人(林胜义,2002)。联合国对儿童的定义通常具有国际参照意义,一般为各个国家和地区所借鉴。在这方面,1985 年的联合国大会将"青年"定义为年龄介于十五岁与二十四岁之间的人(含十五岁和二十四岁),儿童是指那些年龄不足十四岁的人。然而,1989 年《联合国儿童权利公约》通过,其中第一条指出:"儿童是指年龄在十八岁以下的人,除非国家法律规定的成年年龄低于十八岁。"(UNICEF,1989)。《联合国儿童权利公约》将儿童的年龄扩展到十八岁是一个有意的安排,因为联合国希望《联合国儿童权利公约》能为此年龄段尽可能多的儿童提供保护和权利保障。

在我国的法律中，"儿童"是以"未成年人"的表述方式出现。1991年通过的《中华人民共和国未成年人保护法》第二条规定："未成年人指未满十八周岁的公民。"这一规定与《联合国儿童权利公约》对儿童的定义是一致的。这是因为我国是该条约的缔约国之一，该法的出台正是为配合《联合国儿童权利公约》的实施，遂对未成年人的定义采取了联合国的年龄标准。《中华人民共和国未成年人保护法》是保护儿童权益的重要全国性法律，其明确且全面界定了儿童的年龄。其他与儿童相关的法律，如《中华人民共和国民法典》《中华人民共和国反家庭暴力法》等，也采用未成年人的表述方式，以未满十八周岁作为权益资格的获取标准。虽然《中华人民共和国劳动法》以十六周岁为年龄界限禁止用人单位招用未满十六岁人员，但对于十六岁以上且十八岁以下的"未成年工"仍旧提出需给予特殊保护；同样，《中华人民共和国刑法》中，依照相关规定追究刑事责任的不满十八周岁的人，应当从轻或者减轻处罚。可见，在法律体系中，基本认同将十八岁以下作为享有特殊保护的标准。

由于本书涉及儿童的各项福利资格的获取，是一项与儿童的权利相关的实践性研究，法律体系中对儿童年龄的界定对本书具有重要价值。因此，本书依照《联合国儿童权利公约》和《中华人民共和国未成年人保护法》的精神，将儿童定义为十八岁以下的公民，也是法律中所界定的未成年人。该定义是从儿童的权益保障出发，不仅符合国际惯例，也符合我国当前对儿童的保障现实。

二、儿童虐待

儿童保护与儿童虐待两者密不可分，一般而言，儿童保护就是为遭受身体虐待、性虐待、心理虐待以及照顾疏忽的儿童提供保护措施。因此，要理解儿童保护，首先要厘清何为儿童虐待。对于儿童虐待，各个国家和地区由于在文化、语言、政治理念、经济社会发展进程中的诸多差异，要清晰界定何为"儿童虐待"的确是一个挑战。即便在一个国家内，如美国，每个州也

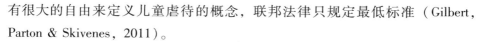

有很大的自由来定义儿童虐待的概念，联邦法律只规定最低标准（Gilbert，Parton & Skivenes，2011）。

世界卫生组织将虐待儿童视为对18岁以下儿童的虐待和忽视行为。它包括在一种责任、信任或有影响力的亲密关系中的各种身体和（或）情感虐待、性虐待、忽视、疏忽、商业或其他剥削，这给儿童健康、生存、发展和尊严造成了实际伤害或潜在伤害（World Health Organization，2016）。从世界卫生组织的定义中，我们可以看出满足三种条件才能成为儿童虐待。第一，处于责任、信任或有影响力的亲密关系；第二，存在虐待行为；第三，造成伤害或潜在伤害。其中，对于最受关注的虐待行为，以世界卫生组织的定义为参照，在实践中各个国家和地区通常将儿童虐待行为分为身体虐待、精神虐待、性虐待及忽视四种形式（陈宜坌、叶莉莉、冯瑞莺，2009；丘彦南、江惠绫，2010），这四种形式基本包括了常见的儿童虐待的形式。另外，儿童虐待往往是多种虐待行为同时存在，即遭受虐待的儿童往往是面临多种虐待的危险。

我国对儿童虐待还没有一个明确和具体的定义和判定标准。首先，儿童虐待的意涵通常蕴含在相关法律与政策中，并常以"保护未成年人合法权益"的方式进行表述。例如，2020年10月修订的《中华人民共和国未成年人保护法》第十一条规定："任何组织或者个人发现不利于未成年人身心健康或者侵犯未成年人合法权益的情形，都有权劝阻、制止或者向公安、民政、教育等有关部门提出检举、控告"。因此，在我国，有时儿童合法权益遭受侵犯在某种程度上等同于儿童虐待。

另外，根据儿童的定义可知，未满十八岁的未成年人都可能是受虐儿童，都应当是儿童保护的对象。值得说明的是，在现有的政策环境中，在这些儿童中还区分了两个高风险儿童群体，他们是"困境儿童"和"农村留守儿童"。其中困境儿童包括因家庭贫困导致生活、就医、就学等困难的儿童，因自身残疾导致康复、照料、护理和社会融入等困难的儿童，以及因家庭监护缺失或监护不当遭受虐待、遗弃、意外伤害、不法侵害等导致人身安全受到威胁或侵害的儿童。由于这些儿童有较高的遭受虐待或者合法权益遭受侵犯的风险，因此，很多儿童保护政策直接以"困境儿童"或者"留守留守儿童"的名义出台。例如，2016 年国务院出台的《关于加强困境儿童保障工作的意见》提出了要建立"强制报告、应急处置、评估帮扶、监护干预"制度。因此，除了合法权益遭受侵犯的一般儿童，这两个群体是儿童保护工作的重点关注对象。

本书将采用世界卫生组织的基本定义，其中对儿童虐待的判定主要以身体虐待、精神虐待、性虐待及忽视四种形式来考量。对于儿童保护政策中关注的受虐儿童，除了权益遭受侵害的一般性儿童外，也关注城市中的困境儿童这一高风险群体。

三、儿童保护政策

儿童保护可以说是一个既抽象又具体的概念，它源于对儿童拥有被保护权利的承认，并以法律和政策的形式将这些权利固定下来，最终通过具体的服务形式得以落实。本书的重点在于儿童保护的服务体系的现状，是一种实践活动，但是政策体系会直接影响到服务体系的建构与实践，因此为了更好地认识实践活动，本书将讨论儿童保护中的政策视角。

儿童保护政策可以说是为贯彻执行《联合国儿童权利公约》精神，将保护儿童的权利纳入相关立法，并通过各项政策与方案得以落实。运用政策途径保护儿童，对保护儿童权利，维护社会公平正义具有重要意义。这是因为社会政策，特别是法律规定下的政策，具有强制力，能有效维护儿童的权利。另外，在风险社会，在家庭保障功能弱化，市场价值与儿童利益相冲突时，社会政策能够通过资源再分配的途径，矫正家庭或市场的缺陷，实现保护儿童权利的目的（李迎生，2006）。

综合各个国家和地区的儿童保护政策来看，儿童保护不是单独的一项政策，而是作为一套政策体系而存在，其政策内涵比较宽泛。从儿童保护的政策内容观之，既有面对通报受虐儿童的紧急处置、家庭支持服务、永久安置服务，也有针对高危家庭和儿童的早期预防。如我国台湾地区的儿童保护建立了包括早期预防、高风险家庭关怀以及紧急干预为主的三级预防的体系（崔萌，2021）。比利时发展了一系列金字塔结构的全面政策，金字塔顶端是专门针对虐待和忽视儿童的干预措施，基层是一系列广泛的政策和服务，以增进儿童的福利、防止各种虐待以及照顾受害儿童（Gilbert et al.，2011）。从儿童保护的政策组成来看，儿童保护不是一项只针对儿童的特别保护性政策，它渗透在其他与儿童相关的政策中。儿童保护的对象虽是儿童，但包括家庭、社区、学校等与之相关的社会系统，这些政策经常能够体现儿童保护的精神。特别是家庭政策，由于家庭在儿童保护中的重要性，儿童保护政策通常与家庭方面的福利政策紧密结合。这些不同领域的政策之间相互配合形成政策体系，共同促进儿童权益。

至于儿童保护政策在儿童福利政策体系中的位置，有时儿童保护政策蕴含在广泛的儿童福利政策中，有时为凸显儿童保护的重要性，儿童保护政策也会被单列出来。美国学者卡杜申（Kadushin）和马丁（Martin）在 1988 年发表的《儿童福利服务》一书中，依照服务的功能，将儿童福利政策分为支持性服务（家庭功能紧张，可能对儿童产生伤害时）、补充性服务（家庭已经对儿童产生伤害，但可经过适当介入使儿童继续生活在家庭中时）、替代性服务（家庭功能无法恢复，儿童不适宜生活在原生家庭中时）三个层面。如果参照此划分标准，儿童保护政策涵盖了以上三个层面。如，提供亲职教育、特殊儿童早期疗愈等的支持性服务；提供经济救助等的补充性服务；以及提供紧急庇护的替代性服务。当前，随着家庭结构和社会价值的快速变迁，儿童受虐已经成为当前严重的社会问题，有鉴于此，保护性服务有时会被单列，以凸显此项服务的重要性（林胜义，2002）。

总的来说，我们可以将涉及儿童保护的政策区分成两类，一种是较广泛的政策，旨在减少与虐待和忽视儿童有关的危险因素；另一种是较狭窄的政策，一旦发生虐待和忽视儿童，就进行干预。在本书中，为促进对儿童保护体系的全面和充分理解，这两类政策都会涉及。另外，必须承认解决药物滥用和失业等问题的政策在打击虐待和忽视儿童方面同样重要，但本书将不讨论这些更外延的政策。

四、儿童保护服务体系

社会政策并不能自动为弱势儿童提供保护，需要依托具体的实践活动来落实。服务体系包括体系构成要素的职能与角色，以及体系的功能运作。

首先是儿童保护的相关组织，以及组织的职能与角色。"职能"（或职权）是指组织对资源和行动承担的责任，是组织内的本职工作（Woodside & McClam，2016）。而"角色"是指在一组有组织的社会关系中，依附于某一职位的一系列行为期望（Stryker，2007；Stryker & Burke，2000）。角色是各个主体协商互动的结果，它通过规章制度或合同关系固定下来。但角色并不是一成不变的，例如，新的合并、联盟、产品或服务都是组织角色和责任变化的基础（Chreim，Williams & Hinings，2007；Reay et al.，2006）。因此，组织内的角色认同在受到合法性的制度化压力影响的同时，也受到动态情境因素的影响，导致角色期望、身份和行为的波动（Sluss，Van Dick & Thompson，2011）。可以说职能多发生在组织内部，而角色多受组织之间的互动影响。在儿童保护工作中，职能是指其岗位上所赋予的与儿童保护有关的工作内容；角色是指相关政策或社会对其在儿童保护服务体系中所发挥作用的期待。

现实中，因其具有法律强制约束力，世界各地的儿童保护工作大多是在政府公权力的介入下执行，由独立的部门来统筹，并需要司法、民政、教育、卫生等相关部门的参与和配合。同时，在福利多元主义和民营化的思潮下，各地政府积极鼓励民间团体在政府的主导下依照规范参与儿童保护工作。此外，区别于传统慈善和行政性福利工作，儿童保护是一项与人密切互动的服务性工作，对工作人员的伦理价值、理论知识、技能技巧有较高要求。在大部分国家和地区，儿童保护是一项专业工作，且以专业的社会工作者为主力。例如在中国台湾地区，社会工作者不仅在制度层面被确立为主责儿童虐待处遇工作的专业人员，而且还是当局主责部门的重要人力构成（崔萌，2021）。因此，儿童保护是一项涉及多个单位的行动体系，其中，各个组成部门都有自身的职能与角色，在儿童保护服务体系中发挥独特的功能。根据已出台的政策规定以及儿童保护的实践现实，这些部门主要有民政、妇联、团委、公安、检察院、法院、学校、医疗单位、社会组织等。本书将首先厘清儿童保护服务体系中各个相关部门的职能与角色。

其次是儿童保护组织体系的功能运作。所谓体系（system）是由一系列为完成整体目标而共事之要素所组成的，其基本模式为输入（input）、转换（transformation）和输入（output）。奥斯丁（Austin）对于体系的看法是：（1）一组因素（a set of components）；（2）因素彼此互动（interaction with each other）；（3）界限之内运作和输入、输出的循环体（boundary mechanism filters kind and rate of flow of input and output）（潘才学，1983）。组织体系的功能运作在此意指，各个因素部门基于自身的职能与角色，通过组织间的纵向的保护工作流程和横向合作机制，各个部门串联起来，形成一套儿童保护的实践机制。

在纵向的工作流程上，由于儿童保护可以视为一套针对受虐儿童的个案服务模式，因此，也遵循个案服务模式中的一般处遇流程，如发现—接案—预估—处遇—评鉴—结案流程。由于很多儿童保护工作还没有精细和具体到上述的每一个环节，根据现有的实践实情以及简化研究的需要，本书从儿童保护体系的流程运作中总结出发现机制—受理机制—处遇机制三个功能机制。另外，再加一个横向的合作机制，即这些部门在整个流程中，是如何协调合作的。例如，我国台湾地区的儿童保护，作为主责部门的社会福利主管部门，发挥统筹协调作用，促进各个部门合作。

最后是儿童保护服务体系中存在的困境。对于部门角色而言，政策体系是否完善，各项政策之间是否衔接整合，将直接影响实践的效果。现有的研究也指出，缺乏政策依据与制度保障是影响儿童保服务成效的重要原因之一（乔东平，2016；黄君、彭华民，2018）。实际上，即便政策设计科学理性，实践本身也充满复杂性和变量。社会文化是否支持、社会组织是否发育成熟，工作人员是否专业，监督激励等配套制度是否完善等，可能阻碍组织职能的发挥。另外，在研究社会服务输送体系时，有四个问题常会遭受批评：破碎化（fragmentation）、不连续（discontinuity），及权责不明（unaccountability），不可及（inaccessibility）（Gilbert & Terrell，2008）。这些问题同样可能出我国的儿童保护服务体系的运作中。

因此，检视儿童保护工作的困境十分必要，特别是在当前儿童保护政策不断完善，实践领域持续探索的重要发展期。本书将在阐述与分析儿童保护服务体系的构成和运作后，探究这套体系在实践中遇到的困境，最终为儿童保护政策完善提供建议。

综上所述，儿童保护是一项针对儿童受虐而实施的保护性服务，来自对儿童权利的重视和立法化，由包括家庭政策在内的多项政策提供支持，通过政府公权力的介入、多部门的联合、民间资源的配合以及专业人力的支撑等运作形式，落实到实践中去。

第二节 服务输送相关理论

"服务输送"的英文是 service delivery，是指在地方社区（local community）的脉络下，服务提供者与服务使用者之间一种有组织性的安排（Gilbert & Terrell，2008）。高廸理和陶蕃瀛（1998）在阐述服务输送相关概念时，结合了结构体系与运作过程，服务输送不仅是利益给付、资源、服务等流向或递送至服务需求者一方之动态过程或现象，从社会关系结构的观点来看，也是包含了服务体系或网络的概念。他们认为，"这二种观点不但互有相关而且相互影响，也就是说，现有之结构会产生某种特定之过程，而实际动态之过程也可能反过来修正或调整体系之结构关系"。在本书中，服务输送也被视为一种横向的结构安排和动态的流程安排。因此，既包括了跨部门的统筹与合作，也包括了服务的流转过程。

一、服务输送的模式

服务输送是指在地方性脉络下，服务提供者与服务使用者之间的一种有组织化的服务安排（Gilbert & Terrell，2008）。整体而言，服务输送涉及的元素包括权力的分配、具体服务的组合方式、服务相关者（服务使用者、服务提供者）的位置、服务专业性问题等。在设计服务输送体系时，吉尔伯特（Gilbert）与特雷尔（Terrell）在2008年发表的《社会福利政策的维度》一书中认为有以下几个方面需要被纳入考虑：（1）集中行政管理权力，或分散行政管理权力；（2）提供整合性的福利服务，或只提供单一服务；（3）将各种服务集中在同一地点，或分散在不同地方；（4）整合各单位的福利服务，或各自提供服务；（5）依赖专业人士提供服务，或雇用消费者或半专业人士提供服务；（6）下放管理权给服务使用者，或集中管理权于专家手中；（7）以管制供给来控制成本，或以管制需求来控制成本；（8）政府主办，或公办民营。而钱伯斯（Chambers）在1993年出版的《社会政策和社会计划》一书中总结了八种不同类型的输送管理模式，包括集中服务输送系统、以个案为中心管理的"反向层级结构"服务输送系统、联合服务输送组织、个案管理服务输送系统、安排与原住民工作者配合作为服务输送策略、转介机构输送社会服务、方案的消费者/受益人控制的组织作为服务输送策略、民族和宗教机构作为服务输送策略。奥卢尼（O'Looney）在1993年发表的《超越私有化和服务一体化：提供服务的组织模式》一文中则认为，私营化和服务一体化（privatization and services integration）这两种模式主宰了关于服务输送改革的讨论，然而需要超越对整合和私有化的简单理解，使服务输送更有效地回应人们的需求。这些服务输送的新的组织模型，可能是有限的几种组织设计元素的组合：公共/私人（public/private）、松散耦合/紧密耦合（loosely coupled/tightly coupled）以及竞争/非竞争（competitive/noncompetitive）。总而言之，不同模式都具有自身的优势和缺点，具体要选择哪一种服务模式，要根据具体情况分析。值得注意的是，每一种模式通常都不可能以纯粹的形式呈现，因为现实的情况往往更加复杂，这些模式都是在复杂的混合结构中发现的。

二、服务输送的评估标准

在政策评估中，一些目标与标准常被提及。钱伯斯（1993）认为评估标准有三个：一是充分性（Adequacy），即由于该服务的实施，社会问题在多大程度上减少了；二是公平性（Equity），即处境相同的公民，必须被社会政策或社会方案以公正或正义（fairness or justice）的方式对待；三是效率（Efficiency），即一种更好（成本最低，效率更高）的方法来实现既定的结果。吉尔伯特和特雷尔（2008）在公平（equity）、适当（adequacy）这两个目标之外，还要求考量平等（equality）这一目标，认为收益分配应达到资源与机会的平等分配。此外，克拉夫（Kraf）与弗朗（Furlong）在2010年发表的《公共政策：政治分析和替代方案》一书中，讨论了评估公共政策的几个标准：有效性（effectiveness）、效率（efficiency）、自由（liberty/freedom）、政治可行性（political feasibility）、可接受能力（social acceptability）、行政可行性（administrative feasibility）、技术可行性（technical feasibility）。钱伯斯和维德尔（2005）讨论了污名化（stigmatization）、目标效率（target efficiency）、权衡（trade-offs）和替代性（substitutability）等标准。

然而，上述目标或标准体现的是一种以"结果"为导向的政策性评估，无法满足对强调"过程"的服务输送体系的评估要求。钱伯斯（1993）认为之前用于评估其他政策的要素，即以充足性、公平性和效率为主的传统经济标准在这里是无用的，因为这些要素指向的是产品（服务）的最终结果；他强调服务输送系统，是达到结果的一种手段，而不是产品最终本身。钱伯斯（1993）还从服务输送的过程出发，提出服务输送的标准应当涉及以下内容：福利服务应该整合（integrated）并连续（continuous）、福利服务应该很容易取得（accessible）、组织应该对自己的行动决策负责（accountable）等。

另外，吉尔伯特与特雷尔（2008）从问题视角出发，提出了服务输送中经常遭受批评的四个问题：破碎（fragmentation）、不可及（inaccessibility）、不连续（discontinuity）、权责不明（unaccountability）。第一，破碎是指来自机构的特性与相互关系，特别是服务的协调性、地理性、特殊性与重复性有关系。例如，各种福利服务是否集中在同一地点？机构间的服务活动是否紧密配合？机构间是否知道彼此的存在？第二，可及性的问题考量的是阻碍个人进入地方福利服务网络的形象。例如，资格标准取决于所得、年龄、成功的潜力或其他特征，而某些人则被排除在服务范围外。第三，连续性是指当各机构试图提供服务来满足需求时，发生在服务网络间的缺口，而这个缺口会妨碍个人寻求福利资源的连续性。例如，是否有适当的沟通和转介服务？第四，权责问题所考量的是服务决策者和福利接受者相互的关系。例如，需求者是否能影响决策？决策者是不是没有适当回应个案的需求与利益？在上述问题中，社会福利服务输送体系的批评者认为，影响服务供给的主要障碍便是碎片化（Roberts – DeGennaro，1987；Sonsel，Paradise & Stroup，1988）。

三、服务输送之个案管理

社会福利服务输送体系的批评者一直认为，影响服务供给的主要障碍便是碎片化（Roberts – DeGennaro，1987；Sonsel，Paradise & Stroup，1988）。个案管理是在一个支离破碎的服务提供系统中协调服务的一种机制（loomis，1988；Sonsel，Paradise & Stroup，1988）。个案管理通常由一名专业社会工作者跟他人协作评估服务对象及其家庭的需要，在适当的情况下安排、协调、检查、评估和倡导满足特定服务对象的打包服务（Woodside & McClam，2016）。个案管理主要服务于服务对象的需求多元、服务部门间需要合作，以及服务需要整合的情形。可见，跨部门和跨学科的团队合作是个案管理过程中的重要内容（Woodside & McClam，2016）。个案管理者除了主要担任资源联系者角色之外，也要积极承担倡导者和开发者的角色，为那些无法应对服务网络问题的弱势案主服务（Gilbert & Terrell，2008）。

个案管理在服务输送中有重要优势。对此，吉尔伯特与特雷尔（2008）总结为：第一，虽然个案管理会增加服务协调的成本，但因其可及早发现问题而使问题较易被处理而被视为具有成本效益；第二，通过个案管理者对服务的管理和协调，可以避免服务重复，增强服务使用的效率；第三，个案管理者通过把关服务资格，可以把有限的资源配置在最需要帮助的案主身上。

然而，有人批评个案管理是一种"最少改变"的替代方法，并不能充分解决服务输送体系中的碎片化问题。也有人怀疑单靠个案管理员是否能够有能力为服务对象提供所需要的全方位的服务。史蒂芬（Stephen）在1992年发表的《案例管理和服务整合：服务提供系统如何塑造案例管理》一文中认为，个案管理的效果与服务的整合程度存在重要相关。其意指，在服务输送系统中，个案管理就如依变项（dependent variables），也就是"果"（effect），个案管理的功能及作用如何，全看服务输送系统中的资源与整合能力（因），由此，提出四个不同的服务环境进行分类，而两者的结合可带来最有效的个案管理策略。

其中，配给（Rationing），是指当服务环境是高度整合，但资源稀少时，个案管理者要能有效分配这些资源，例如英国在社会及健康资源上就是高度的配给。推销（Marketing）并非指销售服务，而是在服务上更贴近案主的需求，推销服务包（service package）给案主，其意味着已有高度的服务整合及充足的资源，个案管理者要依案主的需求决定资源上的安排，例如大型医院提供完整的医疗服务给拥有医疗福利的案主。仲介（Brokering），社工时常在实务工作中面临有丰富资源但系统却高度破碎化的现象，在这样的服务环境中，个案管理者的角色是从不同的服务提供者那方联结不同的服务，以形成服务包。个案管理者的角色是在弥补服务输送系统上资源缺乏整合的情况，例如社区式长期照顾计划。开发（Developing）在社会工作实务中，出现缺乏机构及资源的状况，个案管理者需要开发及协调资源，例如：反映贫穷案主的现况。

因此，在个案管理之外，通常会提出一个全面整合的卫生和社会服务提供系统（Kodner，1982；Kodner & Feldman，1982），在儿童保护服务的实践领域中，这种情况更是如此。越来越多的儿童福利组织需要通过将其服务与相关组织（例如，儿童心理健康中心、暴力侵害妇女部门以及毒品和酒精咨询）提供的服务相结合来整合资源（Wells，Jolles，Chuang，McBeath & Collins – Camargo，2014）。高风险家庭通常需要多种类型的服务，如果有效地组合和协调，将提高可及性和服务效率（Bai，Wells & Hillemeier，2009）。而解决这些问题的一种方法是通过服务整合和协调来实现更加一致和有效的人类服务系统（Austin，1997；Jones，Crook & Webb，2007）。目标包括找到减少碎片化和服务差距的方法，以改善服务的可及性和连续性，最大限度地减少重复和冗余，以降低客户的成本，更有效地利用稀缺资源（Packard，Patti，Daly & Tucker – Tatlow，2013）。

四、服务输送之服务整合

服务整合是指一种正式安排，其中来自为共同客户服务的两个或多个项目或机构的服务提供者同意服务目标，并找到共享资源和协调活动的方法以实现这些目标（Packard，Patti，Daly & Tucker‒Tatlow，2013）。服务整合体现在服务交付层面，创建了一个低交易、风险和信息成本的单一、全面的系统，大包大揽，更有能力提供更广泛的服务和一站式服务。

如何整合服务？吉尔伯特与特雷尔（2008）提出了两种选择，第一，在体制内重新独立出来一套新的服务机制来承担。第二，通过"协调"来整合原有的服务。

对于第一种，吉尔伯特等（2008）认为，可采用"'特定的使用管道'（specialized access structure）和'目的性复制'（purposive duplication）"两种办法加以应对。使用"特定的使用管道"，即在原有的福利输送结构中加入新元素，加入其他的福利组织、开启更多服务据点以及为案主提供更多联结，来改变输送系统的组合成分。特别是可以"以专业机构的形式"提供个案倡导、咨询建议与转介服务，帮助案主走出科层迷宫。"特定的使用管道"，可以减轻其他福利机构的服务量，但也可能存在福利服务更零碎、复杂的现象，因为案主在获得服务前必须在应付另一个科层组织。目的性复制（purposive duplication），即在现存的体系里，重新创造出新的机构来提供部分或全部的服务。这套新的体系通过与原有体系竞争已有的服务资源与案主，从而增加案主的选择，激励出更多创意。或者通过对现存系统忽略的案主提供直接的协助，维护弱势族群的利益。但这种做法也存在福利服务过于昂贵，以及非良性竞争的风险。

对于第二种，通过"协调"来重整机构间的新关系，从而使服务更加整合，吉尔伯特等人提出了三种方式。第一，管理集中化（centralization），即透过行政流程的统一来增加协调性。虽然其可以弥补福利服务分散的缺点，但也存在问题，如组织间原有的压力升高而产生冲突等。第二，机构联合处所（agency co-location），即将不同的福利机构做地理区域上的集中，而非行政制度上的统一。管理集中化关注的是正式化的管理科层体制，而机构联合处所，则强调各机构间志愿性的合作，基础在于互惠。但由于是自愿性，联合处所可能存在许多机构不愿意牺牲自主的权力，从而无法以有效合理的方式整合服务。第三，个案面合作（case-level coolboration），其强调机构间及服务人员间分权式的相互工作，其中上述提到的个案管理就是一个重要的方式。

帕卡德（Packard）等学者在 2013 年发表的《实施服务一体化和机构间合作》一文中也同意，用于实现服务整合的两种常用方法是结构整合和自愿协作。结构整合在这里被定义为两个或多个以前独立的组织在一个单一的管理机构下的合并。将多个县公共服务部门（例如心理健康、健康、收入援助和儿童福利）重组为一个县公共服务机构就是一个例子。而协作是一个广泛的概念，它包括一个机构内项目之间或跨机构项目之间的正式和非正式关系，其中各方共享或交换资源以实现共同目标（Sandfort，1999；Sowa，2008）。帕卡德等（2013）在考察了美国七个县的服务组织在服务整合中的改革模式后，认为在一些县，是通过将以前独立的机构结构整合为一个伞式组织来实现的，而在其他县，它是通过开发自愿的跨机构协作服务提供系统来实现的。研究显示，非结构整合机构的受访者认为，没有结构整合也可以进行合作，其中部门主管和项目经理之间积极的个人和专业关系产生了影响。

第三节　国际儿童保护服务模式概述

不同国家之间的儿童保护模式，其组织架构和运作方式存在明显差异。如前所述，儿童保护体系运作会根据儿童处境的不同而分为不同的处遇体系，通常既包括对受虐儿童的通报处遇，也包括对高危儿童的识别和早期预防服务。如果立足于更宏观的视域，由于各个国家对儿童和家庭所持价值、儿童虐待问题的归因等方面的认识不同，其儿保工作的重点和各个部门之间的权责关系会有所不同，由此形成不同的制度安排和运作模式。

在国际儿童保护模式的比较研究中，最常受到引用的是吉尔伯特等人归纳的"儿童保护模式"和"家庭服务模式"。这两种模式最早在吉尔伯特1997年出版的《打击虐待儿童行为：国际视角和趋势》以及在2011年出版的《儿童保护制度：国际趋势和方向》两本书中都有说明。在调查了9个国家的儿童保护政策与方案后，吉尔伯特等人（2011）认为，英美国家侧重于儿童保护模式，而欧洲大陆和北欧国家则从家庭服务的角度处理虐待问题。

在国际儿童保护的模式的研究方面，以下将重点介绍吉尔伯特的"儿童保护"和"家庭服务"两种模式。除了因为这两种模式被学术界广泛引用外，还有两点考虑：第一，区别于对个别地区具体模式的探讨，吉尔伯特的研究对象为国家整体，即作为国家整体表现出来的倾向，这对于我们理解全球普遍做法有帮助。第二，吉尔伯特对研究个案之选择是深思熟虑的，其依照艾斯平·安德森在《福利资本主义的三个世界》一书中提出的福利国家三种制度类型（盎格鲁－撒克逊国家的自由主义、斯堪的纳维亚国家的社会民主主义以及大部分欧陆国家的保守主义），从以上三种制度类型中分别选择三个国家，其研究结果也与这三种制度类型相呼应，两项研究结果能够相互印证（Gilbert et al.，2011）。以下将从价值判断、服务资格界定、服务供给内容和服务输送体制四个方面介绍这两种儿童保护模式。

一、吉尔伯特的两种儿童保护模式

（一）价值判断

在儿童保护模式价值假设中，儿童虐待问题的发生通常是由于父母管教不当，或照顾疏忽所导致之结果。因此，对于儿童虐待的原因，政府通常从个人层面归因。在这种归因模式下，该模式认为家庭不一定能够为儿童提供好的照顾，必要时可将儿童带离家庭。国家主要考虑的是使儿童在家庭中免遭伤害，较少考虑儿童与家庭的联结。

在家庭服务模式价值假设中，儿童虐待被认为是"由于社会和心理困难而产生的家庭冲突或功能障碍问题"（Gilbert，1997）。社会团结是政府追求的目标，儿童发展是一个社会发展的共同责任。因此，政府多以结构视角评估儿童问题，且主张儿童皆应享有在其原生家庭健康成长之权利。该模式比儿童保护模式更强调获取父母的同意和支持（性虐待除外），政府与家庭合作是家庭服务模式的一个重要特征。

（二）服务资格界定

在不同的儿童保护体制中，由于对儿童虐待的认识和归因的不同，儿童享受福利服务资格不同。在儿童保护模式中，要求经过评估确认具有儿童虐待的家庭才能享受相关儿童福利服务。因此，这是一种选择式而非普遍式的福利供给模式，而具有福利资格的家庭容易受到社会的污名化。

在家庭服务模式中，福利资格的取得并非基于儿童虐待和疏忽的前提，而是在包含社会、家庭和儿童福利的一个更广泛的概念下进行的。在该模式下，儿童防虐工作不仅不受儿童虐待定义的直接影响，而且可以根据社会、家庭和儿童实际情况的变化调整介入策略。高水平福利供给和更少给予施虐者的污名和责备成为该模式的重要特征。

（三）服务供给内容

在儿童保护模式下，国家对儿童虐待行为的反应已经形成了一种公权力介入的保护机制，以高度法治化的方式调查越轨行为。这些国家大多已建有通报或强制通报机制，公权力倾向于对儿童实施强制性家外安置，甚而对施虐家长撤销亲权。其制度主要聚焦在儿童安全方面，以侦查及控管儿童虐待风险为主。

实行家庭服务的国家，并未如英语传统国家预先分化出专责处理儿童虐待问题之机制（即儿保制度），如比利时和荷兰，并没有建立强制通报机制，而是赋予每一位专业人士处理虐待嫌疑的责任（Gilbert et al.，2011）。在这种情况下，儿童保护是作为一种对家庭需求的反应，其重点是评估需求，主要通过对家庭提供支持服务和加强亲子交流来预防或恢复家庭正常功能。只有在儿童严重伤害的极端情况下，儿童才会在没有家庭的允诺下进行重新安置。

（四）服务输送体制

在儿童保护模式中，儿童防虐通常由一个单独的专门机构负责。如在英国、美国和加拿大，儿童防虐保护是由独立的公共或者准公共机构负责，虽然一些社会服务递送系统也涉及儿童保护，但是没有清晰的角色定位。在运作上，由于调查、评估和处遇大多涉及法律问题，主要通过法医学方式（强调将司法刑事或听证中所使用的科学调查技术，应用在儿童虐待事件的因果厘清中）进行通报案件之调查；且调查和评估机构一般与司法系统有比较近的关系，尤其是与警察关系比较紧密。在这种模式中，政府扮演监督和惩罚角色，双方为对抗式关系。

在家庭保护模式中，虽然司法系统承担调查和执行的工作内容，但是儿童防虐保护通常由社会福利和司法机构多部门合作管理，并且两个系统之间的信息是相互流动的。在该模式中，参与儿童防虐福利组织比较多，不仅有受到正式授权对儿童虐待预防和干预的组织参与，另外一些福利组织，如日托机构、社区护理也经常对儿童保护和家庭支持提供帮助。在运作上，由于家庭保护模式强调对家庭完整性的维护，因而在解决儿童虐待问题时会尽可能避免通过司法途径解决。有些国家还允许法官采取更积极的非司法途径的方式询问和收集信息，如法国等国家利用专门家庭法官，而非采用司法干预手段协调家庭与服务提供商的关系（陈云凡，2011）。在政府干预的过程中，政府对家庭扮演支持性的角色，双方为伙伴式关系。

儿童保护模式与家庭服务模式的对比，如表 2-1 所示。

表 2-1　　　　　　　儿童保护模式与家庭服务模式的特点比较

项目	儿童保护模式	家庭服务模式
价值判断	儿童虐待是父母道德问题和行为不当	儿童虐待是家庭资源支持不足
服务资格界定	选择式	普及式
服务供给内容	法制化的、调查的	治疗的、需求评估的
	强制家外安置	自愿家外安置
服务输送体制	强势部门主导	多部门合作
	司法调查为主	避免司法途径
	国家与家庭为对抗性关系	国家与家庭为伙伴式关系

注：此表为研究者根据吉尔伯特的上述两种儿童保护模式内容总结而来。

二、两种保护模式的评价与交融

由于各国的文化观念、社会经济现状、政治体制，以及儿童虐待的现状与原因、服务输送体制、财政投入等的不同，很难建立一个基准来评判两种体制的产出效益。但就儿童保护的体制设计来看，两种模式各有自身优越性。就儿童保护体制而言，虽未顾及到儿童与家庭的联结，以及会造成一定的污名化，但在防止儿童受虐上是直接有效的。将精力集中用在儿童虐待的处遇上，相当有效率且节约财力。就家庭服务体制而言，其支持家庭完整，重视亲情联结，不给家庭带来污名，促进社会团结，彰显人性化的政策光芒。支持家庭的福利政策，使在保护儿童之外更有其他福利的溢出效益。虽关注点不在儿童虐待的处遇，但从家庭入手重视儿童虐待事件的预防，从长远来看或许比儿童保护体制更加节约财力。

实际上，儿童保护和家庭服务两种不同的儿保体制并非彼此孤芳自赏、故步自封，两者间的辩论和学习从未间断过，并在此过程中不断发展各自体制。

以前被确定为面向儿童保护的国家已经具备了面向家庭服务的一些要素。例如，英国自 1994 年以来，总的趋势是试图扩大保护儿童的方法，并优先考虑早期预防，虽然并非直截了当，但在这些方面已经作出了明确的努力。同样，美国的一些州已经开发了"差别反应"系统，并不是每一份报告都被认为与可能发生的严重虐待儿童案件有关，而是针对不同的情况和需求做出不同的反应。此外，美国在家庭的早期服务和预防方面也有相当大的投资。

与此同时，也有证据表明，那些以前按照家庭服务方针来运作的国家已做出切实的努力，以响应人们对儿童伤害日益增加的关切。这些国家正在从以自愿伙伴关系为基础的更广泛的儿童福利转向以法律主义为特征的儿童保护制度。如丹麦，表面上看，丹麦正在慢慢放弃以"不干涉"意识形态主导多年的儿童和家庭政策体制。就个人责任而言，这一新的发展可以被认为是远离传统的社会民主福利国家，走向自由主义的国家的一个步骤。

三、儿童保护模式的新发展

随着时间的推移，又出现了一些新情况。受到"社会投资国家"以及"儿童权利"等概念的影响，21世纪开始，儿童保护政策迈向更加综融的取向，比如儿童为中心的取向（child-focused orientation）（Gilbert et al.，2011）。这种取向不限于对伤害和虐待的狭隘关注，其关注的重点是儿童的全面发展和综合福祉，并通过社会投资或平等的机会来提升这种福祉。以儿童为中心的取向往往涉及调整安排，以满足儿童的需要、能力和成长，从儿童的角度来看待情况。这一点在许多国家的政策和方案中有明显的表现，这些政策和方案把儿童作为提高福利国家水平的重要手段。例如，芬兰和挪威最新的政策旨在创建一个"儿童友好"的社会；在德国和比利时，儿童福利制度被描述为"围绕"儿童及其需求；美国、英国的以儿童为重点的综合项目。

由于面向儿童，国家在提供广泛的早期干预和预防服务方面发挥了越来越大的作用。这一作用代表了国家在儿童需要和福祉方面的家长式角色。把儿童作为家庭中的一个独立实体来处理，促进了政策的"去家庭化"，因为它减少了家庭和父母抚养子女的责任（风险和负担）。对于"儿童为中心"这种强调儿童个人权利，并将这种权利凌驾于父母之上的"去家庭化"做法，费瑟斯通（Featherstone）、莫瑞斯（Morris）与怀特（White）在2014年发表的《重新想象儿童保护：与家庭一起开展人道的社会工作》一书中对此感到忧虑，他们强调"关系中的自主权"的概念在儿童保护实践中的重要性。考虑到家庭成员都处于动态和多维度的关系中，因此对个人自主权的关注应该与对所有家庭成员的理解结合起来。

此外，在国际儿童保护模式的研究中，卡梅伦（Cameron）与弗雷蒙德（Freymond）在2016年发表的《建立积极的儿童和家庭福利制度：儿童保护、家庭服务和社区护理制度的国际比较》一书中，不仅考察了包括加拿大、美国、英国、荷兰、法国和瑞典在内的西方国家的儿童保护和家庭服务方法，而且对加拿大和新西兰的原住民社区给予了同等的关注。其结果是在

"儿童保护模式""家庭服务模式"之外，他们提出了另一种针对原住民族儿童的保护模式——"社区关怀模式"。这种模式不再将原住民儿童带离世代生存的社区或部落，而是基于对原住民历史和文化的尊重，纳入原住民族相关部门的参与，将儿童放置于社区的环境中，共同分担对儿童的照顾。这方面在加拿大的第一民族和新西兰毛利人的儿童保护地方实践中有充分的体现。

总而言之，这些模式与发展趋势呈现出以下特点，对我们构建具有中国特色的儿童保护模式具有借鉴意义。

第一，从内容角度看，兼顾家庭预防和受虐儿童保护两类服务。虽然儿童保护和家庭服务两种模式之间仍存在较大差异，这种差异主要来自于其服务提供是否或在多大程度上是由对虐待儿童和忽视儿童的担忧驱动的（Gilbert et al.，2011）。然而，我们已经看到，几乎所有国家都有保护受虐儿童和提供家庭服务这两种服务类型，其区别只是一种倾向多于另一种倾向而已。

第二，从价值角度看，越发注重儿童权益与尊重在地文化。通过对儿童保护实践模式的梳理，一个强有力的迹象表明，儿童越来越被视为对自己生活有看法的个体，而不仅是家庭的一部分，这在吉尔伯特提出的儿童为中心的取向中体现最为明显。另外一种价值体现在对在地文化的尊重。如人们日益认识到儿童福利制度中的种族和民族差异所造成的问题，上述的社区关怀模式就是最好的例证。这可能意味着儿童保护越发朝向个性化、脉络化的服务方向发展。

第三，从发展角度看，各种模式在相互借鉴与批判中不稳定地发展。无论是儿童保护模式与家庭服务模式之间的相互借鉴，还是在儿童为中心取向批判基础上提出的"关系中的自主权"概念，都显示了不同模式之间的碰撞和发展。而同时，我们也注意到儿童福利制度具有不稳定性。当由于财政限制、需求增加或政治和媒体的责难而处于严重压力之下时，这些模式都可能恢复"原形"，采取一种带有许多体现其先前取向特征的默认立场（Gilbert et al.，2011）。因此，在确定了一些明确的事态发展之后，我们也不能低估这一政策和实践领域的不确定性质。

无论如何，这些发展成熟的儿童保护模式以及出现的新发展，将为我们建立自身儿童保护体制提供有益借鉴。当然，我们也应该认识到这些模式所立基的国家制度可能与我国有所不同，这意味着，我们在吸收其他国家经验的基础上，更要从自身的现实状况出发，发展一套适合的本土儿童保护模式。

第四节　我国儿童保护的相关研究现况

一、福利观与儿童权利层面的研究

杜宝贵和杜雅琼（2016）认为儿童福利观是儿童福利制度建设、政策制定、内涵外延等内容的基础性思想来源，借此分析了改革开放以来我国儿童福利观的历史演进过程，指出我国儿童福利观还处于"挣扎"与完善发展阶段。吴鹏飞和刘白明（2011）从抽象的福利观中摘取了儿童权利观念，对20世纪80年代末到21世纪前十年的儿童权利理论研究做了述评。他们指出，虽然儿童权利理论研究取得了长足进步，但无可否认的是，学界对儿童权利理论之研究仍显得薄弱。段立章（2014）认为，儿童受虐事件的发生主要因为儿童权利观念的滞后，观念对儿童保护的影响虽不直接但却往往更深刻更根本，并认为国家应该对此负主要责任，并提出了积极构建儿童权利文化的国家对策。

综合而言，以上的研究者们基本在两个方面达成了共识：第一，确立儿童福利理念很重要，而我国的现有政策对此缺乏理念阐释；第二，儿童权利理论尤为受到重视，应该成为我国制定儿童保护政策的依循。即使儿童权利理论受到学者们的重视，然而这种讨论较多停留在理论层面，谈及如何在儿童保护政策中应用与操作，相关的研究寥寥无几。

二、政策与体制层面的研究

当前我国对儿童保护政策与体制的研究呈现以下特点：第一，介绍其他国家和我国台湾地区的政策。如美国经验（刘黎红、Chow，2018；满小欧、李月娥，2014；薛在兴，2009；郑卫、胥兴春，2016）、日韩经验（王晓燕，2009；易谨，2015；易谨，2018）、我国台湾地区经验（曹兴华，2017；沈黎、吕静淑，2014；林典，2018；孙莹，1996；易谨，2015）等。以上学者对我国发展儿童保护政策与制度从宏观层面提出了建议，如强化国家职能、健全法律法规、建立儿童保护行政机构体系、建立强制报告制度等。第二，依据儿童虐待案例反思现有政策与制度的不足（林典，2019；刘向宁，2015；马亚静，2014；叶芸、王录平、赖秀龙，2014），这些研究普遍反映了对建立和完善受虐儿童通报、处遇机制的迫切需求。第三，直接论述我国儿童保护方面相关政策。这包括对反家庭暴力法的评析（李文军，2016；李振林，2016），留守儿童政策演变、特点和当前新政的评论（佟丽华，2016；王玉香、吴立忠，2016），专门从社会保护视角进行的政策论述（李迎生，2006；赵川芳，2014）以及当前儿童虐待立法的不足与完善（姚建龙，2014）。这些研究帮助我们直接透视我国儿童保护性政策的发展和不足之处。

总而言之，以上研究皆反映出我国儿童保护政策与体制的建设和完善，是迫切的并有广阔的作为空间。

三、实践现状层面的研究

我国在儿童保护实践层面的研究尚属起步阶段，集中在个别有限的学者，和境外浩如烟海的儿童保护研究成果相比，既不深入也不系统。尚晓援、窦振芳与李秀红（2017）以我国 2015 年以后司法机关受理的第一个剥夺父母监护权的儿童保护案例为研究对象，从儿童最大利益的角度对新建立的儿童保护制度进行考察，认为有以下问题：社会大众儿童保护意识缺失；通报者隐私疏于保护；社工在救助过程中缺位；个案化处理结果和制度化解决方式尚未形成。黄君和彭华民（2018）对两个城市困境儿童保护的两种不同实践模式——项目制与嵌入式进行了实证研究，结果是两个模式各有利弊，皆未能很好地保护处在困境中的儿童。其主要的影响因素包括：缺乏持久的制度性保障方式；虽有领导小组，但工作机制不健全；未成年人保护中心职能不清，能力不足；专业工作人员缺乏；公众参与困境儿童保护的意识不足。乔

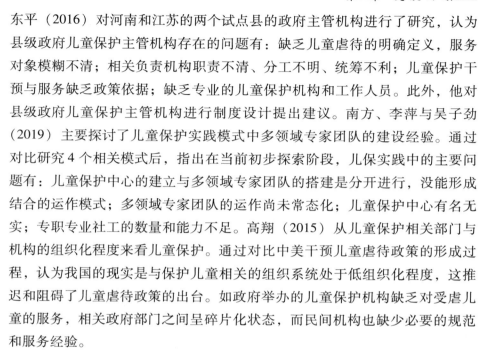

东平（2016）对河南和江苏的两个试点县的政府主管机构进行了研究，认为县级政府儿童保护主管机构存在的问题有：缺乏儿童虐待的明确定义，服务对象模糊不清；相关负责机构职责不清、分工不明、统筹不利；儿童保护干预与服务缺乏政策依据；缺乏专业的儿童保护机构和工作人员。此外，他对县级政府儿童保护主管机构进行制度设计提出建议。南方、李萍与吴子劲（2019）主要探讨了儿童保护实践模式中多领域专家团队的建设经验。通过对比研究4个相关模式后，指出在当前初步探索阶段，儿保实践中的主要问题有：儿童保护中心的建立与多领域专家团队的搭建是分开进行，没能形成结合的运作模式；多领域专家团队的运作尚未常态化；儿童保护中心有名无实；专职专业社工的数量和能力不足。高翔（2015）从儿童保护相关部门与机构的组织化程度来看儿童保护。通过对比中美干预儿童虐待政策的形成过程，认为我国的现实是与保护儿童相关的组织系统处于低组织化程度，这推迟和阻碍了儿童虐待政策的出台。如政府举办的儿童保护机构缺乏对受虐儿童的服务，相关政府部门之间呈碎片化状态，而民间机构也缺少必要的规范和服务经验。

概括而言，以上文献中，研究者立基于现有的实践经验，展现了各地生动的实践图景，为我们认识儿童保护的实地操作提供了有价值的经验信息。如这些研究对呈现的困境之认识大致是相似的，包括社会大众保护意识缺失；缺乏儿童虐待的明确定义，服务对象模糊不清；缺乏制度化的规范依据；相关负责机构职责不清、分工不明、统筹不利；个案化和制度化处遇机制不健全；专职专业社工的数量和能力不足；儿童主任角色定位不清晰、服务能力欠缺、保障不足等。

但现有的研究也存在不足。第一，或许受制于期刊文献研究容量的限制，这些研究分别从不同的层面选取侧重点对儿童保护体制的运作加以探索，如儿童最大利益视角、项目制与嵌入式的组织模式、政府主管机构、多领域专家团队以及相关组织的组织化程度。这样的讨论，在我国儿童保护实践轮廓尚不清晰的情况下，可能会导致"见木不见林"，无法展现儿保机制的整体轮廓，也难以获得对各个部门在整个体系中互动机制的了解。第二，这些研究虽然立基于实践案例，但大多基于作者的主体经验和主观判断，缺乏明确的方法和实证数据支持。第三，我国的儿童保护工作具有明显的多部门共同参与的特征，但现有的研究缺少"多部门参与"的视角。此外，值得注意的是，我国儿童保护体制建设正在快速成长中，相关政策在近几年中密集出台，各地在政策指导之下迅速反应，不断探索与完善实践模式。因此，我们要注意这些不同时期的研究成果的时效性，并用发展的视角来看待现有的困境和不足。

本书试图弥补这些研究的不足，将儿童保护的整个流程视为一个整体，以多部门共同参与为视角，通过在东部沿海 X 市的实证分析，来研究我国儿童保护服务体系的发展现状。

第三章

研 究 设 计

在第二章文献资料回顾的基础上，本章将从质性研究的选取、研究场域介绍、资料收集方法、田野调查的过程与经历、资料分析方法、研究的品质、研究的相关伦理七个方面，详细介绍本书的设计。

第一节　质性研究的选取

本书采取的是质性研究方法。质性研究通常是由实务性问题转型为研究问题，因此理论与实务将不可避免地缠绕在一起，且其最终目的是期望理论与实务能够透过紧密的结合，产生深刻的对话（李庆芳，2009）。简春安和邹平仪（1998）认为，当进入一个很不熟悉的社会系统、在一个不具控制和正式权威的情境中、处于低度概念化和学说建构的背景，或需要研究对象的主观理念、定义一个新概念和形成新的假设时，使用质性研究相对较适合。帕吉特（Padgett）在 2008 年发表的《社会工作研究中的定性方法：挑战与回报》一书中也建议，当研究者想要探索一项鲜为人知的主题、涉及敏感与深度情绪的议题、希望从当地人观点捕捉活生生的经验并且从中创造意义、希望揭开方案与处遇的黑箱作业、量性研究者遇到解释的瓶颈、正在尝试寻求行动与研究的结合时，是使用质性研究的契机。具体到本书，研究方法采取质性取向的原因如下：

第一，本书是一项探索性的研究，适合使用质性方法来做深入探索。相较于量化研究者关心检测因素和影响，或者一定样本数量中预测或描述某些属性，质性研究者对于揭露现象的意义更感兴趣，想要理解人们如何诠释他们的经验，如何建构他们的世界以及他们诠释自己经验的原因和意义（Merriam，2011）。质性研究的价值正在于揭示意义之网所囊括的复杂社会关系及其动力结构，其中"实践－反思的质性研究"具有颇多意义（魏戈、陈向明，2017）。本书正是期待运用质性方法来探索各个组织在儿童保护中的具体做法及相关经验，以增进对儿童保护实践现实的理解。

第二，结合本书所关注的问题和研究之目的，更适宜采用质性研究方法。本书的研究问题旨在了解在当前儿童保护体系中，相关各方的职能与角色是什么样的，服务体系的功能运作如何，服务体系面临哪些困境。一方面，由于这个体系面向的对象是具有复杂困境的儿童及其家庭和相关系统，他们的处境错综复杂，问题和需求各不相同。因而，各个组织的处遇也是复杂和多变的。另一方面，对于儿童保护工作，这是一个包含多个组织的工作网络，网络中的组织如何互动、协调、配合，如何解决冲突，这些问题很难从表面的数据获得理解，皆需做深入探讨才能回答。从这两个方面来看，皆更适宜采用重视环境脉络、关注经验诠释、依赖深入总结的质性研究方法。

第二节 研究场域介绍

一、X 市简介

X 市是我国东部沿海较大的城市之一，截至 2019 年底常住人口超过 400 万人。X 市也是比较富裕的城市之一，按常住人口计算，人均 GDP 早在 2018 年便超过 10 万元。良好的经济基础和相对充沛的财政收入，为 X 市发展儿童保护制度提供了经济保障。

二、X市儿童保护之相关政策与实践机制

近年来，X市全面贯彻落实中央、省、市关于困境儿童保障和儿童福利建设文件精神，相继出台了2015年"X市困境未成年人社会保护工作实施方案"、2015年"市政府关于加强X市困境儿童分类保障工作的实施意见"、2018年X市"关于建立侵害未成年人权益案件强制报告制度的工作意见（试行）"（以下简称"强制报告制度"）等政策文件，在努力构建困境儿童保障网络，全力提升儿童福利保障水准上，取得一定的成效。依据这些政策性文件，X市构建起了以困境儿童和受虐儿童为对象的儿童保护关爱体系和实践模式。从研究的角度而言，透过这些年的积极努力，X市在儿童保护工作方面已经积累了较多的经验，可视为具有丰富资讯的研究场域。X市在儿童保护与关爱方面的探索，无论是政策还是实践，都紧跟中央指导精神，与中央对于儿童保护体制的设计基本保持一致。因此，X市的经验，在我国各个城市中具有一定的代表性。透过探究X市的经验，可以从中一窥当前儿童保护的趋势、现状与困境。

第三节 资料收集方法

一、文献分析法

文献分析法（documentary analysis）或者"文献省览"（document review），是一种非干扰性的研究方法（unobtrusive research）（简春安、邹平仪，1998）。文献资料作为研究的原始资料，能刺激提问题或用来补充访谈及田野观察，作辅助性的辅证（Strauss & Corbin，1990）。对于政策类文件的文献，它们提供了政策和实务发展的历史背景和社会情境。在与政策相关的研究中，是一种重要的资料收集方法。在分析文件时，通常使用数据提取表

（data extraction sheet），它为研究人员提供了一种清晰的方法，以系统的方式获取文件包含或不包含什么（Shaw，Elston & Abbott，2004）。

在本书中，文献分析法主要用于两个方面：一是从中央关于儿童保护的政策文件和 X 市地方的政策文件中总结 X 市的儿童保护实践发展现状，这同时发生在前期文献梳理和实地田野调查中。二是发现各组织在儿童保护工作体系中承担的角色和任务、实际开展的工作、遇到的困难等，这发生在实际田野调研中。基于这两个目的，本书中所提取的文献具体包括：（1）从中央到 X 市有关儿童保护方面出台的政策文件；（2）相关组织的工作档案、总结报告；（3）相关领导的重要讲话；（4）各路媒体的相关报道；（5）关于 X 市儿童保护相关学术研究等。

二、质性访谈法

本书主要运用了质性访谈方法来收集研究资料。质性访谈（qualitative interview）是一种有目的的谈话过程，其目的在于进一步了解受访者对问题或者事件的认知、看法、感受和意见（王云东，2007）。在质性研究中的访谈将重点放在受访者对个人感受、生活和事情的经验的陈述上，而在对话中研究者就可以获得、了解或者解释受访者对社会事实（social reality）的认知是怎样的（Minichiello，Aroni & Hays，2008）。研究者通过质性访谈法，对实践架构中相关组织在儿保服务方面的负责人员进行了访谈，以了解在推行儿童保护服务方面的实际具体现状。

定量研究与质性研究倾向于使用不同的抽样方法。定量研究多使用以数字上的概率理论为基础的抽样类型（被称为"概率抽样"）（Neuman，2007）。质性研究则以相关的主题而非代表性来决定选择哪些人进行研究（Flick，2018），抽样的目的是抽取特殊的个案、实践和行动，以澄清和深化理解，因此倾向于采用非概率抽样（Neuman，2007）。常见的非概率的抽样主要有随意抽样（haphazard sampling）、定额抽样（quota sampling）、目的性抽样（purposive sampling）、滚雪球抽样（snowball sampling）、极端个案抽样（extreme case sampling）、连续抽样（sequential sampling）以及理论抽样

(theoretical sampling) 等（Neuman，2007）。在访谈对象的选择上，本书采用的是目的抽样方法。目的抽样一般用在探索性研究或实地研究中，通常研究者根据研究目的选择样本，特别是研究者可以用目的抽样来选择能为研究问题提供最大信息量的研究对象（Neuman，2007）。本书旨在通过获取地方实践的丰富讯息，以洞察儿童保护体系的运作、困境与原因等，而目的抽样可以帮助研究者选择具有丰富信息量的研究对象，是适合本书的抽样方法。

从纵向上看，X 市在儿童保护的工作机制上，形成了"市、区（县）、街道（乡镇）、社区（村）"四级联动的工作机制。因此在资料的来源方面，需要涉及市、区、街道、社区四级，本书的访谈对象也囊括市、区、街道、社区四级的相关工作人员。在市级的层面，因为所涉及的单位相对有限，所以依照应访尽访的原则，本书访谈了市民政局、市儿童福利院、市未成年人保护中心（救助站）、市妇联、团市委、市检察院等相关单位的负责人或具体的工作人员，如表 3-1 所示。

表 3-1 市级访谈对象情况

序号	所属层级	所在单位	性别	代称
1	市级	X 市民政局	男	市民政 A
2	市级	X 市儿童福利院	男	儿福院 B
3	市级	X 市救助站（未成年人保护中心）	女	救助站 C
4	市级	团 X 市委	男	团市委 D
5	市级	X 市妇联	男	市妇联 E
6	市级	X 市妇联	女	市妇联 F
7	市级	X 市检察院	男	市检察院 G

在区级的层面，为使样本能比较完整地、相对准确地回答研究者的研究问题（陈向明，2000）。笔者按以下两项标准在 X 市各区中选择了 M 区：第一，儿童保护政策执行良好，具有示范意义。第二，实践架构完整，有社会组织参与儿童保护服务。M 区不仅经济实力雄厚，而且借助经济优势，社会事业的建设在 X 市几个下辖的行政区中具有典型性。为响应 2018 年民政部下

发《关于开展全国农村留守儿童关爱保护和困境儿童保障示范活动的通知》，该区已主动申请建设示范区。此外，M 区社会组织发展基础好，建有区级的社会组织孵化园。2018 年起为进一步加强和改进困境未成年人关爱保护工作，M 区民政部门通过政府购买服务方式，引入两家专业的社会组织，根据困境未成年人的不同情况量身定做精准帮扶项目，此项目在 X 市尚属首创。本书在区级的访谈对象方面，涵盖了区民政局、区妇联、团区委、区检察院、区法院等部门的相关负责人，如表 3 - 2 所示。

表 3 - 2　　　　　　　　　　区级访谈对象情况

序号	所属层级	所在单位	性别	代称
1	区级	M 区民政局	女	区民政 H
2	区级	M 区民政局	女	区民政 I
3	区级	M 区检察院	女	区检察院 J
4	区级	M 区检察院	女	区检察院 K
5	区级	M 区法院	男	区法院 L
6	区级	M 区法院	女	区法院 M
7	区级	M 区妇联	女	区妇联 N
8	区级	团 M 区委	男	团区委 P

在街道层面，继续依照儿童保护政策执行良好，有社会组织参与这两项标准，选择了 M 区下辖的 ZW、XJ 两个街道。街道层级的访谈对象上，包括民政科、社区事务科、妇联、学校、派出所等相关单位的负责人或工作人员，如表 3 - 3 所示。

表 3 - 3　　　　　　　　　　街道级访谈对象情况

序号	所属层级	所在单位	性别	代称
1	街道级	XJ 街道民政科	女	街道民政 Q
2	街道级	ZW 街道民政科	女	街道民政 R

序号	所属层级	所在单位	性别	代称
3	街道级	ZW 街道社区事务科	女	街道社区事务科 S
4	街道级	XJ 街道妇联	女	街道妇联 T
5	街道级	ZW 街道妇联	女	街道妇联 U
6	街道级	派出所	男	警官 V
7	街道级	派出所	男	警官 W
8	街道级	派出所	男	警官 X
9	街道级	Y 小学	男	老师 Y
10	街道级	Z 小学	女	老师 Z

在社区层面中，ZW、XJ 两个街道，各选取了两个社区。为能够反映 X市的总体人口和社区特征，各街道的两个社区中，一个社区为高档的新商品房社区，另一个为以外来流动人口为主的老旧社区。选取的方式通过街道工作人员推荐和研究者观察的方式来综合选定，如表 3 - 4 所示。

表 3 - 4　　　　　　　社区级访谈对象情况

序号	所属层级	所在单位	性别	代称
1	社区级	XJ 街道 A 社区居委会（老旧社区）	女	社区工作人员 A
2	社区级	XJ 街道 B 社区居委会（新商品房社区）	女	社区工作人员 B
3	社区级	ZW 街道 C 社区居委会（老旧社区）	男	社区工作人员 C
4	社区级	ZW 街道 D 社区居委会（新商品房社区）	男	社区工作人员 D

除了市、区、街道、社区四级的相关部门之外，在本书中参与儿童保护工作的社会组织亦是重要的访谈对象。在 M 区有 4 家社会组织在直接或间接地参与政府招标的儿童保护项目，其相关服务覆盖 M 区的各个街道。在市级的层面，有一家社会组织在与 X 市儿保中心合作试点开展儿童保护工作。此外，另有一位在 M 区 XJ 街道下属的社区内开展儿童社会工作服务的社会组织工作人员，经由社区推荐也被纳入访谈对象之中。因此在本书中访谈了这

6 家社会组织的相关负责人或相关的工作人员，如表 3-5 所示。

表 3-5   社会组织访谈对象情况

序号	所属性质	所在单位	性别	代称
1	社会组织	E 社会工作机构	女	E 社工
2	社会组织	F 社会工作机构	女	F 社工
3	社会组织	G 社会工作机构	男	G 社工
4	社会组织	H 心理中心	女	H 心理咨询师
5	社会组织	I 社会组织	女	I 社工
6	社会组织	J 社会组织	女	J 工作人员

在具体的访谈之中，研究者使的是半结构式访谈（semi-structured interview），提前拟定了访谈大纲（interview guild）以引导受访者回答与研究主题相关的问题。这些问题聚焦于受访者对自身角色定位、职能发挥以及与其他组织之间的协调合作，处遇的流程等，意在了解实践中的现实情况。具体问题的提问，也要根据受访者的回答情形进行调整。在访谈之中，研究者征求受访者同意的前提下全程录音，并在访谈之后转换成文字稿用作分析。

第四节 田野调查的过程与经历

在田野调查过程中，如何接触到访谈对象以及如何获取访谈对象的信任，获得真实可靠的资料，是研究者始终在思考和不断实践的两项重要任务。而这些，研究者主要依靠曾经积攒的人情关系、迎难而上的坚持和一点运气，以及对自己身份的有效运用得以实现。

一、日常中"人情关系"的建立与倚靠

作为非政府体制内的人，要做针对政府体制的研究，通常而言不是一件

易事。特别是，本书涉及民政、教育、公安、检察院、法院、妇联、团委、社会组织等部门，涉及的部门之多，部门之间差异之大，更增加了研究的难度。如何与相关部门中的访谈对象建立关系、获取资料，始终是田野调查中最主要的挑战。所幸，由于各种因缘际会，曾经积累的一些人脉关系为研究的顺利进行提供了重要帮助。他们成为我开展田野调查工作的成全者，没有他们的支持和协助，我的田野工作也无法如此顺利。

正是这些在日常生活中建立的"人情关系"，为访谈顺利进行以及收集到真实资料提供了帮助。实际上，研究者在进行田野调查工作之时，正好是各部门时间最紧凑的岁末月初；加之，彼时当地政府正在大力开展各项整治工作，各个部门都要抽调人员参与其中。在这种背景下，目标访谈对象还愿意接受访谈，热情而积极；还愿意拿出充足的时间分享观点，耐心而详细；还能够毫无保留地表达，真实而诚恳。之所以能做到这样，很大程度上归结于这种人情关系的作用。即便是陌生人，因为中间有熟人介绍，也能够很快产生情感联结。也正是因为如此，保证了资料的丰富性和真实性。

二、田野调查里"困难时刻"的转弯与运气

田野调查过程并非万事一帆风顺，例如，如何寻找到合适的警官访谈将成为一大难题。通常来说公安部门的权力较大，但纪律也较多，碍于种种原因他们一般较少接受外界的正式访谈。刚开始田野调查时，研究者就开始寻求各个政府部门中的朋友帮忙牵线搭桥，但直到田野调查进行到中期也没有成功。因此，如何访谈到合适的警官成为一时最大的挑战。

田野调查需要有直面困难的积极心态并有及时调整策略的灵活性。虽然田野调查地的人情关系是最为有效的方式，但不能被束缚住手脚。几次失败后，研究者意识到不能再通过传统的途径去接触访谈对象，传统中公职人员相互介绍的方式，难免有些"正式"，容易使潜在的访谈对象多虑和紧张，从而将简单的事情变得复杂。

正在"走投无路"时，研究者微信朋友圈中一位年轻朋友发的"状态"引起了研究者的注意。朋友参演了一部关于家庭暴力与求助的舞台剧，图片

上正巧有一位穿着警服的"警官"。在后续的聊天中得知，穿警服的这位不是演员，而是派出所为了支援反家暴宣传而派出的一名真正的警官。幸运的是，这位警官的种种特征均符合访谈对象的标准；更幸运的是，在朋友轻松愉快的邀请下，这位警官爽快地答应了访谈，并分享了很多有趣的观点。

如果说第一位访谈的警官是由于朋友圈的一条活动信息不期而至，第二位警官则是来自研究者在田野调查进行时不经意拍的一张照片。这张照片很早就存在手机相册中，但直到在一次冥思苦想如何才能联系到一名警官时，才在猛然间看到。照片拍的是一个社区民警的公示栏，其中有社区民警的姓名、电话号码、负责片区等信息，一切又是恰巧符合访谈需求。研究者带着尝试的心态给这位陌生的警官发了一条短信，而这位热心的警官不久就给研究者回了电话，并约定第二天去他所在的派出所访谈。

田野调查需要保持灵活性，也需要一些运气。就像这些不期而至的访谈对象，他们如同天使一般"从天而降"出现在研究者最需要帮助的时候。更庆幸的是，访谈顺利完成于 2020 年 1 月初，否则研究者的田野调查工作将不知会如何，因为不久暴发的新冠肺炎疫情无疑将成为研究者田野调查工作最大的障碍。

第五节　资料分析方法

本书主要采用的是主题分析法（thematic analysis）。主题分析是质性研究中十分常用的资料分析方法（Braun & Clarke，2006）。主题被理解为是意义所组成的集合体（patterns of meaning），这些意义以一定的模式组织起来，便形成了主题。研究者寻找、分析并报告研究资料中出现的主题（theme）的方法，即被称为主题分析法（Braun & Clarke，2006）。主题涵盖的范围十分广阔，可以指研究者从资料直接观察到的某种现象，也可以指研究者对现象进行诠释和分析后得到的结论。应用主题分析法，通过将资料分解为不同的主题，寻找不同主题之间的联系，不仅能够对社会现象进行细致的描述，并且能够分析社会现象背后的机制和其所蕴含的意义（Braun & Clarke，2006）。

在本书的数据分析中，首先按照研究问题，将数据进行分类整理，这包括三大部分：第一，参与儿童保护的各部门的角色、职能是什么？第二，儿童保护服务体系是如何运作的？第三，儿童保护服务体系运作中呈现的困境是什么？其次按照布劳恩（Braun）和克拉克（Clarke）在2006年发表的《主题分析在心理学中的应用》一文中提出的主题分析的基本步骤（（1）熟悉资料；（2）产生初步的编码；（3）寻找主题；（4）检视主题；（5）定义主题；（6）撰写报告），对数据资料进行了分析。具体而言，在编码之前，研究者对阅读访谈逐字稿和其他收集的文本档案至少整体读完一遍，以便有整体的概念；之后，在Nvivo12编码软体的协助下，逐句阅读文字稿，尽可能多地发掘编码和潜在编码，形成初始编码；在此基础上，将不同的编码分类为潜在的主题或子主题；进一步检视每个主题是否代表了其集合中的所有数据，以及主题之间的关系是否反映了整个数据的意义；对主题的本质和内涵获得更清楚的阐释，正式命名各个主题；最后撰写本书。

在资料分析中，这些主题最终依照各部门的职能与角色、发现机制、受理机制、处遇机制、合作制以及各个环节面临的困境的总体架构中。例如，对于第一个问题，其中民政的职能被提炼为资金发放和服务提供两个主题，民政的角色被提炼为"福利托底"。对于第二个问题，例如处遇机制，访谈数据则表现为分类评估、紧急处遇、一般处遇、结案与追踪四个主题。对于第三个问题，例如法律与政策层面的困境，其主题则包括法律的滞后性、法律的抽象性、政策的破碎化、政策的粗略化、政策的形式化等。

第六节　研究的品质

本书中研究质量意指研究的信度和效度。对质性研究信度和效度的评价一直存在争议，这是因为信度和效度的概念最早是量化研究的术语。质性研究自20世纪70年代末和80年代初在研究领域受到重视的同时也受到量化典范的质疑，其迫切要建立一种方法或策略以证明其研究所具有的合理性（王文科、王智弘，2010）。虽然有学者，如史密斯（Smith）在1983年发表的

《定量研究与定性研究：试图澄清这一问题》一文中主张，质性研究与量化研究二者的基本假定并不相容，因此信度和效度的概念应该摒弃。显然，多数质性研究者并不接纳该种说法。实际上，质性研究者通常采取与量化研究者不同的术语来探讨信度和效度问题。如谷贝（Guba）在 1981 年发表的《评估自然主义调查的可信度的标准》一文中、林寇恩和谷贝在 1985 年发表的《自然调查》一书中均使用可信赖性（trustworthiness），麦克斯韦（Maxwell）在 1992 年发表的《定性研究中的理解与有效性》一文中、沃尔科特（Wolcott）在 1994 年发表的《转换定性数据：描述、分析和解释》一书中则使用了解（understanding）等概念来研究效度问题。对于"可信赖性"的概念，谷贝又将其细分为：可信性（credibility）、可迁移（transferability）、可依赖性（dependability）和可确认性（confirmability）。对此，艾瑞（Ary）、雅各布斯（Jacobs）与瑞扎维（Razavieh）在 2010 年发表的《教育研究导论》一书中认为可依赖性与量化的信度关联较大；可确认性则与量化中客观性、中立性的关联较大。安法拉（Anfara）、布朗（Brown）与曼焦里（Mangione）在 2002 年发表的《舞台上的定性分析：使研究过程更加公开》一书中，进一步整理并提出用可信度（credibility）、可迁移性（transferability）、可依赖性（dependability）与可验证性（confirmability）分别取代量化研究的内部效度、外部效度、信度与客观性，在质性研究中被广泛借鉴。

对于提升研究品质的策略，不少学者对此有广泛的探讨和归纳（王文科、王智弘，2010；颜宁，2009）。总结而言，三角验证、参与者检核、适度投入资料收集、研究者反身性、同侪检核、稽核追踪、丰富深厚描述、最大变异等，皆为常用策略。其中"三角验证"（triangulation）在研究中最常用。其涵括理论的三角验证（theory triangulation）、方法论的三角验证（methodological triangulation）、观察者的三角验证（observer triangulation）、资料的三角验证（data triangulation）、跨学科的三角验证（interdisciplinary）（Denzin，1978；Janesick，2000）。

在此，研究者将参考以上质性研究的可信度、可迁移性、可依赖性与可验证性的概念，以及如三角验证等实现这些概念的策略，同时综合本书的特点，从以下四个方面确保研究的品质。

一、可信性

可信性关注于研究结果是否能够反映研究对象的真实想法（Lincoln & Guba，1985）。或许所谓的"真实"是无法通过研究得出来的。即便如此，我们仍旧有很多策略可用来增加接近真实的可能性。其中，在田野调查中信任关系的建立对于能否获得真实和丰富的资料十分重要（Lincoln & Guba，1985）。在本书中，研究者与 X 市有很多的缘分，认识部分受访者或能够通过工作伙伴与受访者拉近距离，取得受访者的信任，以此提升访谈资料的真实性。另外，三角验证的策略对于提升可信性具有重要价值，这在本书中多有体现。第一，在收集访谈资料时，由于受访者皆为儿童保护网络中的一员，会共同接触某些特定资讯，在访谈中，研究者将对不同访谈者所提供的资讯进行相互验证。第二，除了进行访谈之外，还会进行档案资料的分析，并将访谈的资料和档案资料进行对比和互相验证。第三，研究者在收集官方观点之外，还增加了社会组织的观点，由此形成官方文献资料、政策执行者资料和社会组织资料的三方观点互证，由此提高研究的效度。

二、可迁移性

与量化研究中通过小样本类推到全体的可迁移性不同，质性研究的可迁移性是指研究结果能否运用到类似情境下的程度。其认为，每件事情皆有自身的脉络，当研究脉络与其他脉络之间具有相似性与适配性时，研究结果的可迁移性才可发生。不过，证明是否具有可迁移性的重担一般在读者或应用者身上，而非在研究者本人身上。这就需要研究者提供充分的描述材料，以便读者或应用者了解研究的脉络，并在相似的脉络下考量可迁移性（Lincoln & Guba，1985）。尽量提高研究结果的可迁移性，也是本书的意图所在，因为本书希望通过对 X 市的儿童保护实践的研究，为其他相似情况的城市提供应用经验与教训。

为了提升可迁移性，采取了以下两项策略：深度描述和选择最大变异样本（颜宁，2009）。本书是一项政策下的实践性研究，研究的重要脉络在于儿童保护的全国性政策和田野调查地的具体政策，以及田野调查地的其他相关脉络（如经济条件、社会组织发育程度等）。这些重要脉络，在上文特别是文献回顾中有详细说明，以此可确保读者或应用者在读懂本书的研究脉络后，能够比较适合他们的情境。选择最大变异样本，在本书中指的是选择研究场域或访谈者时，增加多样性以此扩大读者的应用范围。本书囊括了儿童保护体系中的多个不同的部门和组织，访谈对象来源差异化大，相比只研究一个或几个部门或组织，本书访谈一类或几类人，提高了应用的范围。

三、可依赖性

可依赖性（dependability）指涉研究者探讨资料搜集、诠释的过程，是否具有稳定性，可供他人追随，所以也有人将之列入信度考量（Marshall & Rossman，2014）。一项良好的质的研究会对资料收集与分析方式，提供巨细靡遗的解说（王文科、王智弘，2010）。稽核追踪是提高可依赖性的一项有效策略。稽核追踪是指研究者在研究过程中需要详细记录如何一步步从研究资料得到研究结论，读者可以追踪研究者的轨迹检验研究结果，以检视资料的可靠性（Lincoln & Guba，1985）。对此，研究者通过两种途径做稽核追踪：第一，在田野调查中收集资料时详细说明资料收集过程。第二，在资料分析时说明了资料编码和提炼主题的过程。

四、可确认性

传统上说来，可确认性是指研究发现可被重复操作的程度。换句话说，再做一次研究会有相同的结果吗？显然，这是一个偏量化的思维。在质性研究中，人类行为从来不是静止的，重复研究不一定会有相同的结果。但这并不代表质性研究每次的研究结果要受到质疑。因为质性研究者关注的是研究发现是否与收集的资料一致。所以在质的研究中，焦点从研究者的中立性转移到对资料和诠释的确认（王文科、王智弘，2010）。为提升可确认性，同侪检核是一个可行的方法（颜宁，2009）。在收集、分析和写作的过程中，研究者采用同侪检核的方法，即研究者与另一位同侪就所赋予的相同资料和脉络中，看是否可以获得相同的结论。其他此领域的研究者作为同侪一起就研究资料、分析过程作讨论和检核，以此提升研究脉络与研究发现的一致性。

研究质量的四个维度如表 3 - 6 所示。

表 3 - 6　　　　　　　　　　　研究质量的四个维度

维度	意涵	策略
可信性（credibility）	研究能够揭示研究对象的真实情况的程度	信任关系的建立；三角验证
可迁移性（transferability）	研究结果能否运用到类似情境下的程度	深描脉络；研究对象的多样性
可依赖性（dependability）	资料收集、资料诠释过程，是否具有稳定性，可供他人追随	稽核追踪
可确认性（confirmability）	研究资料与研究发现的一致性程度	同侪检核

第七节　研究的相关伦理

本项研究遵循社会科学研究中普遍的伦理原则，这些原则包含以下三个方面。

一、知情同意

在开始田野调查时，研究者就将包括研究的目的、方法、用途，以及下文中所陈述的保密、匿名等原则告知访谈对象。在获得受访者的明确同意后，方才进行访谈。另外，在对访谈进行录音前，研究者也征询并获得受访者的同意。

二、保密与匿名

由于涉及访谈对象对本组织参与的儿保工作的评价，为使访谈对象能够如实谈论而不受影响，研究者要十分注重保密原则。为使访谈对象畅所欲言，在访谈开始和结束后，研究者都强调将对所谈的内容进行保密性的工作。在访谈后，要将访谈资料妥善保管，避免外泄。在撰写本书时，也将访谈者以代号的形式匿名处理，以此保护受试者的身份。

三、提供适度的回报

由于本书涉及儿童保护的政策与实践，对于受访者或组织在儿童实践中遇到的疑惑，研究者也通过向访谈组织分享其他国家和地区的做法，或提供研究结论和建议的概要形式，适度回报田野调查地。

第四章

儿童保护服务体系中
各部门的职能与角色

与欧美等地区的儿童保护工作相比，我国暂时还未形成一套成熟的儿童保护模式，各个部门在儿童保护中发挥的职能与扮演的角色还不够清楚。儿童保护等相关工作，一方面依赖并杂糅在传统的行政体系中。即相关单位根据自身传统的职能范围，在儿童保护服务体系中各自归认职责、定位角色。另一方面，近年来，随着各项与儿童保护相关的政策的出台与落实，很多部门在原有职能基础上，被赋予了新的角色期待。在这样的背景下，首先要做的是，梳理相关单位在儿童保护方面正在发挥的职能，并以此界定其在儿童保护体系中的角色，即回答本书的第一个研究问题。对此，本章将依次分析社区、民政、妇联、共青团、公安、检察院、社会组织以及其他相关部门在儿童保护服务体系中的职能与角色。

第一节　"忙碌的基层大管家"——社区

一、职能依据

根据《中华人民共和国城市居民委员会组织法》中对居民委员会任务的规定，居民委员会对政府和派出机关主要发挥协助作用。如，协助维护社会治安、协助人民政府或者它的派出机关做好与居民利益有关的公共卫生、计划生育、优抚救济、青少年教育等工作，以及向人民政府或者它的派出机关反映居民的意见、要求和提出的建议。换言之，社区居民委员会（以下简称社区）作为政府机关联系基层的抓手，其日常工作主要承担着落实政府各个条线下达的任务的职能，这些条线包括民政（包括老年、残联、优抚等）、计生、妇联（包括关工委）、文化教育、党建、综治调解、环境卫生、物业管理、就业援助、共青团等。另外，作为基层组织，社区又具有广泛联系群众、了解群众需求、反映群众需求的特点。

二、职能内容

涉及儿童保护工作，一方面，整合各条线的资源。如下放来自民政、妇联、团委、残联条线的救助金，完成各条线规定的公益活动指标等。另一方面，在落实前述行政工作，为有需要的儿童匹配资源的过程中，社区还能够广泛掌握到儿童资讯，尤其是处境困难儿童资讯，如民政条线的困境儿童、残联条线的残疾儿童，以及妇联与团委条线的需要关爱的贫困家庭儿童等。这些资讯主要通过社区工作人员走访、社区居民主动申报等获得。面对儿童，社区工作的重点是保障儿童的衣、食、住、行等基本生活和九年义务教育权利；工作的形式主要是资金发放，以及与社会组织联合开展一些旨在提升儿童素质、增进亲子关系和家庭教育的活动。

"从社区这个角度出发所做的一些帮助，首先是资源整合；另外就是保证他们基本的生活教育，保证他们基本的权利，使他们的基本生活有保障；然后保证他们在九年制义务教育范围之内能顺利地把学业完成。在这个程度上，我们再去给他们一些相应的帮助，比如说看有哪种社会资源可以对接过来，去给他做一些社会资源上面的相应提升。"（社区工作人员 C）

三、儿童保护服务体系中的角色

由此可见，社区在儿童保护体系中充当"平台"的角色。这是一个政府行政任务或资源由上而下放到基层的平台，也是一个儿童和家庭的资讯或需求由下而上汇到政府部门的平台，以及一个社会爱心汇集的平台。在这个平台上，各方的正式或非正式资源与儿童的各式各样的需求得到对接。

"我们社区其实是在中间作为一个平台，整合所有的收集过来的资讯、资源，然后再根据他们每个人的情况，去给他们衔接，去找各种资源。因为每个层面的能力是不一样的，而我们的经费都是有限的，光靠我们解决，一些问题解决不了，所以我们只能根据他们的情况进行对接。比如说，我们可能会遇到突发重病的儿童，那么先经过治疗看看怎么样，是不是恢复了，我们可能向街道给他们申请补助金；还有一些小孩，比如说父母缺失的话，那么从他们学业开始到学业结束那一段时间，我们都要多关注他们。那个时候，要给他们补助的资金也会多，但是可能光靠我们社区跟街道也不够了，我们可能要去寻求区级层面上的那种教育补助金或者市级层面上的教育补助金。"（社区工作人员 C）

第二节　"最后的衣食兜底人"——民政

一、职能依据

从民政部到各省、自治区民政厅，再到各市、区民政局，以及街道民政科，各级民政部门的统筹层次从总体政策、标准、制度的拟定，到各地区个性化的政策制定，再到政策的实施，都有所不同。但就儿童和家庭部分的工作，主要围绕社会救助体系和儿童福利体系的完善与实施。例如，根据2023

年版《民政部职能配置、内设机构和人员编制规定》，民政部门负责城乡居民最低生活保障、特困人员救助供养、临时救助、生活无着流浪乞讨人员救助工作；拟定儿童福利、孤弃儿童保障、儿童收养、儿童救助保护政策和标准，健全农村留守儿童关爱服务体系和困境儿童保障制度。可以说，民政是与儿童福利最密切的政府部门。

二、职能内容

在街道一级，M 区紧跟政策要求，积极探索职能转变。2019 年，在 X 市，M 区率先将街道的民政科分为两个科室，一个科室为新设的社区事务科，负责与社区服务相关的事务；另一个科室为传统的民政科，负责救助资金发放等。在资金发放方面，民政科根据"关于加强 X 市困境儿童分类保障工作的实施意见"中对困境儿童的分类界定，每月例行为困境儿童发放补贴，这些儿童主要包括孤儿、监护人监护缺失的儿童、监护人无力履行监护责任的儿童、重残重病儿童、流浪儿童和其他需要帮助的儿童。按照户籍属地管理的原则，补贴只针对在本辖区的户籍儿童，非本地户籍的流动儿童则不包括在内。在 2016 年由民政部门牵头实施的全市困境儿童大排查中，民政部门已经基本掌握了全市困境儿童的补贴名单；若未成年人家庭遭遇变故或自身受到侵害，在符合条件的情况下依旧可以向民政部门提出申请。

"所以你说政策网络本是有，但是每个部门侧重的点不太一样。在儿童维权这一块，民政部门可能更多是从福利的角度，就是单纯的经济福利的角度去看。"（区妇联 N）

在社会服务方面，2018 年 M 区民政局率先创新工作内容，以政府购买服务的形式向两家社会组织购买了本区 20 个困境儿童的个案服务。具体实施上，由街道与社区协助社会组织开展工作。然而，这只是 M 区民政在资金补贴外自主进行的一次有益探索，至于今后是否会形成常态化和固定化的购买模式并不确定，这取决于领导的想法和方案实施的效果。

> "民政局在儿童保护方面都有哪些工作？民政局负责的都是特殊的儿童，比如孤儿、经济困难家庭的儿童等。民政局的主要责任是为他们提供物质方面的帮助，比如经济补助。这两年做儿童的具体服务是开创性的一个举措，不是政策要求或者上级要求做的，完全是（民政局）自己想做。"（区民政 H）

另外，X 市民政局下属的两个事业单位也参与了儿童保护工作。分别为 X 市救助管理站和 X 市儿童福利院。救助站原本主要为流浪乞讨儿童提供临时性的居住、基础教育、康复等一体的服务，但在 2013 年，为回应民政部的要求，在救助站内成立了"未成年人救助保护中心"（未保中心），旨在将服务对象从流浪儿童扩大到所有处于困境的未成年人，并提供临时性安置服务。然而，未保中心的职能空间还有待厘清。2019 年底，未保中心有意从困境儿童着手，通过购买社会组织服务，探索新的工作内容。X 市儿童福利院在为孤残儿童提供服务之外，2015 年挂牌成立了儿童福利指导中心，旨在扩大服务对象，为有需求的儿童提供家外长期性安置的养治教康服务。然而，与救助站的处境与做法类似，单位负责人表示，指导中心的职能并不明确，具体可以做什么事存在很大的灵活性。其中的原因可能是设立时间较短，配套政策不足，以及还未有本地未成年人需要临时安置等。

> "整个系统成立了以后，我们的工作慢慢地才会规范，现在大家都在摸着石头过河，一步一步地走，有多少经费我们做多少事。先一步一步地往前走，具体走到什么程度，目前其实我们也不知道，我们也要看国家的导向，看国家需要我们走成什么样。"（救助站 C）

三、儿童保护体系中的角色

与民政部门设立之初在福利体系中的定位一致，民政部门在儿童保护中扮演"托底"的角色。其主要通过为处境不利的儿童和家庭发放较低水准的资金补贴，或者为无家可归、有家不可归的儿童提供安置服务，实现满足兜底儿童的基本生活所需，以此预防或减少环境对儿童成长和发展的不利影响的目的。换言之，民政部门通过为社会中最弱势的儿童提供最基本的保障实现托底的角色。另外，这种托底，不仅是针儿童需求的托底，在整个儿童保护网络中也要做托底。也就是说，针对儿童的需求，别的部门办不到的，民政部门有责任去承担。

"那么民政做什么呢？针对每一个具体的儿童，特别是困境儿童，当然因为他都是抓两头，一般来说都是民政兜底。底线的这部分，是针对儿童个体，你有什么情况，国家是给予底线保障。"（市妇联 F）

"民政部门实际上更多的是兜底保障，就是说按照《民法总则》，别的部门如果说由于种种原因，没有能站出来的情况下，他们要站出来。别的部门没有帮助到的，他们应该帮助到位，就是这个概念。"（市妇联 E）

但最近的政策对民政部门的职能转变提出了期待，民政部门在传统的社会救助之外开始有所创新，比如，开始与社会组织合作，尝试在软性的社会服务领域发展职能。即民政部门在兜底之外，开始自主尝试扮演"服务提供者"角色。虽然这个角色是指导性的，具体的服务工作依旧依靠社会组织实施。

"为什么要做这个项目，我估计是因为要创建什么东西，通常 M 区就会走在时代的前沿，他们有经济实力、理念性又好，然后又是新区，所以他就会想要去做一点事，比如上面有一个新的文件下来，当每个区都没有反应的时候，他就快速地反应过来自己要有所行动，然后就直接弄了。"（E 总干事）

民政部门想要胜任这个新角色可能还有很长的路要走。这不仅是因为客观层面社会组织在体量和专业性上还不足以支撑起民政所需的服务，更是因为从物质救济转向专业服务还需要思维的转变。长期以来，民政系统的主要工作围绕困难补贴的申请和发放，已经形成了明确的职能分工和健全的规章制度。"一切在政策范围内办事"和"手不能伸得太长"，是民政部门惯性的思维与工作方式。对于要求新承担的服务性角色，一些民政部门不仅缺乏创拓精神，也缺乏经验和信心，M 区的案例说明了这一点。

　　"民政局的手不能伸得太长，政府不是说'法不授权则禁止'嘛！我们也不能做太多，做太多其他部门有意见的。只在法律规定的职责范围内做好就不错了！"（区民政 H）

第三节　"积极的网络补漏者"——妇联

一、职能依据

　　中华全国妇女联合会是中国共产党领导的为争取妇女解放而联合起来的中国各族各界妇女的群众组织，是中国共产党领导下的人民团体。在组织性质上，妇联属于人民团体，自下而上维护妇女儿童的权益；但在机构编制与运行方式上又参照政府部门，由上而下承担党和政府的行政职能。尽管组织性质的特殊性要求它仍必须履行部分行政性职能，然而改革开放以后，妇联在维护妇女儿童权益的职能越来越得到强化（马焱，2009）。当前，"维护妇女儿童合法权益，倾听妇女意见，反映妇女诉求，向各级国家机关提出有关建议，要求并协助有关部门或单位查处侵害妇女儿童权益的行为，为受侵害的妇女儿童提供帮助"是妇联的主要任务之一。这里面有两点关键资讯：第一，妇联与儿童虐待密切相关，在面对遭受权益侵害的儿童时，有义务为其提供服务；第二，妇联只是一个人民团体，不是政府职能部门，没有执法权，因此主要发挥"协助"的功能。

二、职能内容

妇联在儿童保护中发挥了重要的作用，这主要体现在两个方面。

第一，通过普遍性的社会宣传与有针对性的对象帮扶，为保护儿童免受侵害提供前期的预防性措施。在这方面，主要部分是提供一些家庭教育、亲子关系的宣讲或服务活动；对于个别特殊困难的儿童提供一些本系统中有限的经济补助。相较于民政资金发放，妇联更侧重专业服务的提供；相较于民政针对困难儿童的托底，妇联的服务对象更加宽泛和普遍。然而，作为一个群团组织，受职能和资金等因素的限制，妇联在这方面发挥的作用毕竟是有限的。

"从省级层面上来说，我们省政府妇儿工委，它每年都有一个省一级的妇女儿童公益项目，等于是分为三类了，然后每一类面对的群体都不一样。第一类要求至少是市级或者区级层面的项目，它的资金量大概8万~10万元。第二类主要是面向乡镇、街道层级的项目，资金大概是5万~6万元。第三类相当于是面向新村社区的项目，中标以后一个项目大概是3万~4万元。"

"我们 X 市按照以往的这些惯例，基本上我们每年大概能拿到60万元，也就差不多10来个项目。"

"另外，我们今年搞了一个叫'同他一起来'公益项目，今年大概筹集了180多万元。现在基本上通过三四十个项目，三四十个项目按照哪里筹的资金用到哪里去的原则，基本上就是这样一个情况。"

"在这样一些项目里面，通过一些项目化的方式，借助一些专业的人士，来给一些困难的群体提供一些专业化的服务。这个我觉得也是我们妇联的一种比较独特的作用或者优势。"（市妇联 E）

第二，为权益受到侵害的儿童提供法律咨询、司法协助、心理疏导等服务。X 市一级，妇联专门设有"妇女儿童权益部"受理权益受侵害儿童的事务。与市妇联一样，各级妇联遇到此类事件时，同样会积极受理，根据其需求，协助其报警并联动检察院、法院、民政等部门以及心理咨询组织等合力解决其问题。虽然如此，妇联接触的儿童虐待事件并不多，且有些直接进入司法系统，妇联并不知情。因此，相比儿童虐待的事后处遇，妇联主要工作内容还在事前预防层面。

> "事前预防做得比较好，我们现在婚姻家庭教育已经非常领先了，还搞'嫁校'，让夫妻们都来接受一些沟通技巧培训，避免以后产生一些问题。在事后补救这一块，我觉得我们做得有点儿少，至少从我们发现并处理的案例来看，虽然比去年多了好多，但是（总体上）还是很少。"（区妇联 N）

妇联与社会组织的关系是密切的。妇联不是政府职能部门，没有类似民政部门一样庞大的资金，也不是一个如同公检法一样拥有专业技术的部门，同时在人力有限的条件下，妇联最大的优势在于能够团结广大专业的社会组织，借助社会组织的力量实现自身的使命。无论是事前预防性的社会宣传与社会服务，还是事后处遇中为受虐儿童及家庭提供专业心理咨询，妇联都离不开社会组织的协力。对社会组织来说，妇联不仅可以提供服务购买机会，还能为他们专业成长提供生动的服务案例。因为妇联善于运用社会组织提供服务，相较于公检法与发放资金的民政，妇联的服务被认为是柔性的，易于接受的。

> "再一个，也培育和发展了一些社会组织。像我们区妇联，有 7 个女性社会组织……都是我们做业务主管单位，所以这些社会组织比较喜欢我们妇联。因为它们这些组织是服务妇女儿童家庭的，所以基本上就是由我们妇联来牵头。"（区妇联 N）

> "我觉得像心理咨询师这一块，可能其他部门在这一块上不一定有很多资源。但是我们妇联组织，尤其是我们 X 市妇联，通过今年 3 月份的 X 市婚姻家庭教育项目，联结到很多的资源。很多的心理咨询师，实

际上就把我们妇联作为一个娘家了。他们之所以对妇联有这么好的一个感觉，是因为妇联有的时候也能给他们提供很多比较鲜活的实践的经历。"（市妇联E）

"很多时候，如果简单使用法律法规，虽然比较直观，但可能不是非常柔性的。心理咨询更多的是一种委婉的、柔性的方式，可能更加能够让人接受"。（市妇联E）

三、在儿童保护体系中的角色

作为一个人民团体，妇联能够发挥的职能有限，更多时候被视为一个配合者的角色。然而，由于妇联在儿童合法权益维护方面有相关职能，它们虽为配合者，但却是积极作为的。在当前儿童保护体系不健全的背景下，妇联积极作为的配合特性，恰好扮演了的儿童保护网络的"修补者"角色。具体而言，有两个方面。

一方面，妇联通过整合各个部门资源，推动各个部门履职，扮演"促进者"角色。首先，在还没有一个统筹主导单位的情况下，妇联可以在有需要的情况下作为牵头部门，主持各个部门的联席会议。妇联作为一个不属于政府和司法体系内的群团组织，与各单位之间的关系比较简单，由妇联牵头协调各方，对其他单位来说比较公平。其次，基于整个儿保体系是碎片化的现实，妇联可以作为整合资源的角色，在工作中将各个单位串联起来，共同为儿童的不同需求服务。这意味着，妇联在儿童保护案件的整个过程都不是缺位的。

"所以说为了这个事情我们也推了好几次，约了几个部门，我说几个部门一起坐下来商量一下这个事情，反正有什么问题摆在这边，我们怎么来解决都可以商量。上个礼拜我们市法院、检察院，包括我们妇联，我们几家坐在一起商量完以后，我这边拟了一个意见，就是关于加强监护权缺失未成年人关爱的一个工作意见，这个意见在修改完善以后，准备几个部门联合下发。就是要给大家吃定心丸，就是为大

家扫清障碍、排除妨碍、消除影响，这样到时候大家都可以用。"（市妇联 E）

"妇联这么成长起来，我觉得主要是尽量地整合各种区域。妇联跟民政不一样，民政有一些法律上面授权的一些职能，然后他们也有一些财政资金的保障。那么像妇联的话，从资金这一块来讲就比较少，但是我们更多的还是作为一个枢纽型的角色，我们把一些部门都给整合进来。"（区妇联 N）

"实际上，我们妇联作为一个人民团体，也没有多少真正的属于法律赋予的一些职能，更多的时候是通过我们的一些推动作用，让我们相关的职能部门能够真正地尽职履职。"（市妇联 E）

"后来让辖区的妇儿工委（当时叫作妇女儿童工作委员会办公室）召集了他们区里的政法委、公检法、民政、教育、卫健，以及辖区的街道、社区，包括也请了心理咨询师，就相当于为了这个事情召开了一个专题协商会。因为他们面临的很多问题，需要不同部门一起解决。"（市妇联 E）

"我觉得我们妇联在这里面最大的一个作用就是，把这么多的部门聚到一起，然后大家把各自的职能作用都发挥出来，这样就好。"（市妇联 E）

另一方面，妇联在推动其他单位履职的过程中，自身也会根据儿保体系中的职能漏洞积极进行补位。比如，其他职能部门受固定的条文限制，能做但不方便做的，妇联可以补位；其他职能部门受本身资源限制，想做但没有能力做的，妇联也可以补位。这是因为，妇联作为没有实权实职的组织，在工作内容上相较职能部门具有较大的弹性和自主性，也具有较为丰富的社会资源做支撑，比如专业的心理咨询与社会工作服务资源。因此，妇联在促进其他部门履职的同时，在整个儿保体系中还担任"哪里需要补哪里"的角色，用访谈者的说法，则为"拾遗补阙"的角色。

"因为说白了政府职能可能规定得比较死，也没有多少灵活的余地，是怎样就怎样。妇联有柔性的一面，比如资源方面，我们可以想办法去整合，就是整合更多的资源来提供服务。就是这样一个区别所在，别人可能有缺位的地方，我们就需要补位了。"（市妇联 E）

"我们妇联更多的是介于各个部门之间，叫拾遗补阙，哪个部门缺位了，我们就去补位。但是前提是我们要能有这样一些本领去补他的位。反正能补位的地方，我们就确保整个案件能够不留有任何空缺的地方，就是这样。"（市妇联 E）

实际上，这也是妇联的生存之道。因为妇联本身并没有实权实职，因此，通过整合并推动其他职能部门履职，弥补其他部门之间的结构漏洞，才能实现自身最大价值。这样做的结果使得妇联在促进儿保体制的完善上非常富有建设意义。正如市妇联负责人所说的，妇联正通过务实地履行角色，将一些好的经验固定下来，形成常态化的制度，不断为完善儿保体系作出贡献。这些角色，可能会因为体系的逐渐完善而退出，但在当前，妇联的作用是无可置疑的。

"所以说我们现在更多的是在案件的处理过程中，把一些具体的做法固定下来，然后再形成经验。原来我们很多的做法，比如说上级要求我们下面同步跟进，我不能说它是脱离实际的，但是可能说它的实操性不一定很强。我们实际上更多的是在处置过程中，把一些好的做法进行总结提炼，固化成我们的一些制度和经验。"（市妇联 E）

第四节 "红色思想的领路人"——共青团

一、职能依据

与妇联的组织特性一样，共产主义青年团（简称共青团）也是一个具有党政背景的人民团体。与妇联所体现出来的服务导向不同的是，共青团的政治色彩更为浓厚。"把培养社会主义建设者和接班人作为根本任务，把巩固和扩大党执政的青年群众基础作为政治责任"是共青团的基本任务之一，而加强青年人的思想政治工作，把思想政治工作贯穿所开展的全部工作则是其重要职责（团中央，2013）。共青团主要成员以及服务对象为 18~35岁的青年人。对于 18 岁以下的未成年人，其所有工作的开展，则通过"团建带队建"的方式，依靠领导中国少年先锋队（少先队）来实现。其中，儿童保护相关的工作也可以归到这里面。因此，虽然它也涉及一点儿童保护工作，但团委的主要职能在于青年人，而且它的重点始终是思想政治引领。

二、职能内容

在实际工作中，共青团有专项经费来做一些符合自身职能的服务项目，一些儿童保护相关的项目也包括在其中。比如，基层社区团支部根据社区成员需求做的小微服务项目，其中就有关于服务流动儿童、困境儿童的内容。比如，依靠社会组织做的一些公益夏令营，儿童保护情景剧等。类似妇联，共青团的实务工作也是通过社会组织和基层社区团支部来实施的。很多时候，共青团对儿童的工作并不拘泥于具体的形式和内容，只要能通过这些服务来塑造人、影响人，达到政治引领的目的都是可接受的。

> "我们跟总工会、团委和妇联是最重要的群团工作单位，在我们团委的层面上是通过服务来体现政治引领的。党章和团章对共青团与中国共产党的关系也是很明确的。我们所有的服务和所做的事情，就是为了发挥一个为党育人、政治引领的作用。"（团市委 D）

除此之外，共青团还有一块工作是借助与其他相关部门联动关系，合作开展的。在这一部分，作为一个广泛联系的部门，共青团涉猎的领域是非常宽泛的，只要与儿童保护相关的工作，它都可以沾一点；其合作的部门也是多元的，只要与儿童保护相关的部门都可以合作一下。例如检察院、司法局等。实际上，因为这些相关单位或多或少都参与了与儿童保护相关的联席会议，而很多关于儿童保护的政策、制度都是这些部门联合印发的。在这个意义上说，每个联席会议中的单位，都参与到儿童保护工作中，只是参与的程度问题，例如，有些单位是牵头负责，而其他单位只需配合。

三、在儿童保护体系中的角色

共青团在儿童保护体系中扮演一个配合的角色。儿童保护不是共青团的主要职能，因为缺少人力财力，但它是与儿童相关（少先队）的组织，因此与儿童保护相关的工作，其主要角色是配合其他部门工作。对此，一位团委的负责人讲得很清楚。

"其实，我的感觉是，我们的主责就是围绕党务中心，关键是思想教育，即青少年的思想教育这一块。我们的工作第一是团的组织建设，第二是团的政治建设，精神思想引领，第三是团的服务。我们涵盖的对象范围就是从未成年人开始，到我们的青年。我们主要用团的组织来发挥功能，我们也有一些资金，还有一些阵地，通过这些来发挥作用。这些就是我们应该做的事情，我们用主要的力量去抓。然后其他的任务就是根据要求，我们来配合着做，通过各种资源的协调，来做一些这样的事情。"（团区委P）

第五节 "法律底线的守门人"——公安

一、职能依据

公安机关，是政府管理下的公共安全事务的行政执法部门，与儿童保护相关的职责在于"预防、制止和侦查违法犯罪活动""维护社会治安秩序，制止危害社会治安秩序的行为"。可见，公安机关的工作是围绕"法律"运转，这包括法前的"预防"和法后的"制止"和"侦查"。但作为行政执法部门，主要还是事后的执法。

二、职能内容

现实中，由于各种原因，儿童受虐案件进入公安系统的案例是非常少的。接受访谈的三位警官皆表示，暂时还没有遇到过儿童虐待事件。但若真遇到，公安部门预期会如何处理？他们根据自身的职能和处理妇女遭受家暴的经验，给出了一个工作图景。

> "到现在为止，我在我们辖区里没有接到家庭暴力或虐待儿童的警情。但这个事情如果有的话，首先要固定证据，然后在社区或者学校老师的陪伴下，给小孩做好调查笔录，然后如果证据属实的话，我们要对当事人进行处罚。如果构成治安违法，我们按照治安处罚来处理；如果是长期的虐待行为，已经触犯刑法的话，我们把他刑拘以后，将案件移送检察院批捕、审查起诉，最后交给法院去审理判决。小孩的话，我们会把这个情况告知给他所在的户籍地的社区，还有民政部门。但是，如果家长够不上犯罪，是轻微的家暴、虐待行为，那么由我们公安机关这边出具一个告诫书。另外就是通知民政部门，还有当事人住所地的社区、街道对当事人进行一个后续的管控，比如经常上门或者是监督他的行为。"（警官 X）

可见，公安机关依照案件社会危害程度的不同，有不同的处遇。如对案情情节轻微的，出具告诫书加以震慑；对违反治安管理处罚法，尚不构成犯罪的人实行行政拘留等行政处罚；对涉嫌犯罪的人则移送检察院处理。此外，公安的执法是一次性的，更长久的服务有赖于社区，有赖于民政等福利部门。

由于很少遇到儿童虐待事件，公安机关在儿童保护中，只能在法前的预防层面体现出一些职能。与多数部门一样，由于儿童保护并没有形成一个特定的政策和实务领域，公安机关涉及的儿保的预防性工作，通常是融合在相关版块的职能中，如公共安全，或多或少达到儿童保护的目的。同时，由于公安机关与社区和学校的关系比较密切，这些工作大多是在这两个场域中开展。例如，辖区内每个学校都有一位民警兼职学校的法治副校长或法治辅导员，每个社区都有一名社区民警挂职社区党委副书记。

"我们辖区有三个学校，一个幼儿园、一个小学、一个中学。我们的警察都是兼职学校的法治辅导员。内容方面，第一个，每个学校开学后和放假前都会有法治课。第二个，开学时，都会有我们警察去现场做安保，以及对学校的安全防范设施进行检查。第三个，对学校相关人员组织培训，包括教他们怎么使用钢叉、盾牌等。第四个，我们派出所的教导员有时候会去试探一下学校门卫的安保工作，就是假扮社会人士，看看能不能混进学校去。第五个，在国家举办重大会议和重要活动的时候，我们都会到学校督促检查，确保安全稳定。另外，我们也会在学校开展一些宣传，如法制宣传、禁毒宣传。"（警官 X）

三、在儿童保护体系中的角色

三位公安机关的访谈对象皆认为，公安机关在儿童保护体系中的角色是十分明确的，它应当在触及法律底线时才出场。这意味着，不能将预防儿童受虐的重要责任交给公安，公安的工作重心主要在法后的"制止"和"侦查"，即负责虐童事件的"接案"和"评定"。平时对儿童教育和关心的主要责任应该在于家庭和学校。

"说实话，我也是两个孩子的父亲。我认为儿童保护，主要是家庭，然后是学校。他们应该承担主要的责任。你说公安部门在这方面做一些法制宣传能发挥什么作用？公安主要职责还是在公共安全、校园安全这一块，像交通安全、防溺水、用电安全等。"（警官 V）

"所以说，儿童保护主要的责任还是在于家庭和学校，特别是女同学的性知识教育，要以学校为主开展。我们公安只能在事情发生后处理。"（警官 W）

另外，从公安本身的角度来看，公安部门负责接案，但不代表出什么事情都要来找公安。换言之，公安处理的都是触及法律底线的事情。虽然这与其他部门，如社区、妇联等，对公安抱有更多角色期待不一致。如，他们期望公安在非触及法律底线的一般性儿保相关事务上扮演协助者角色，这在第六章还会再讨论。

"所以，这个东西它是儿童的，怎么讲？儿童的保护是多元的，可能公安部门到了这里来讲，已经是个底线了，兜底的了。"（警官 X）

"对于轻微的一般的儿童虐待事件，我觉得社区或者司法部门或者民政部门就可以批评教育的。如果需要公安介入的话，这个事情最少触犯治安管理处罚法，对吧？行为已经违法了，触及底线了，那就说明当事人的行为比较过激。你说轻微的打骂什么的，正常的一些批评教育我觉得都够不上，是吧？比如说虐待，有时候小孩调皮被家长打两下，我觉得也很正常。"（警官 X）

"走到我们公安的案子，是社会消化不掉的，是要戴手铐的，甚至提交检察院的。"（警官 W）

第六节　"督建秩序的猫头鹰"——检察院

一、职能依据

与其他行政机关的管辖和归属不同，人民检察院独立于行政机关体系，依照法律独立行使检察权，不受任何行政机关、社会团体和个人的干涉。依照《中华人民共和国人民检察院组织法》，人民检察院作为国家的法律监督机关，传统上其主要职责包括对于公安机关等侦查机关侦查的案件进行审查，决定是否逮捕、起诉或者不起诉；以及对立案、侦查、审判、执行刑罚等活动就是否合法实行监督，对违反法律、法规规定的，依法提出抗诉。由于近年来，性侵、拐卖、虐待、伤害未成年人犯罪持续多发，最高检在内设机构改革中，单独设立未成年人检察厅，专门负责未成年人检察工作。另外，2018 年还出台了专门为保护未成年的"一号检察建议"①，旨在通过一些预防措施，联合社会支持力量保护未成年免受侵害。

二、职能内容

X 市的检察部门共有市、区两级。为响应最高检和省检的内部机构改革号召，X 市检察院将第八检察部作为未成年检察部，履行未成年检查的职责，专门负责未成年人是犯罪嫌疑人和被害人的检察工作。在区一级，虽然没有单独的未检部门，但未检工作由专门人员负责。其工作主要分为两部分，一部分为针对未成年人为被害人的传统办案工作，另一部分为落实"一号检察建议"而开展的预防工作。

第一，传统办案部分。因为涉及未成年人的心理特点等，相对其他人群的办案，对未成年人的办案有特殊性。在流程上，针对儿童权益受侵犯的案件，在立案和侦查阶段，检察院通常提前介入。在办案内容上，针对儿童为涉案人员的特殊性工作主要有社会调查、附条件不起诉、合适成年人到场、心理辅导等。然而，检察院虽有这些方面的职能，但受限于人力和专业性的限制，更希望能够发挥社会合力来实现。例如，社会调查委托司法所、心理辅导借助妇联部门与心理咨询专家等。

"其实在社会调查上，我们很需要社会力量参与。我们现在社会调查是委托司法所做的。我们这些案子里面有很多是流动人口的，这就

---

① 2018 年，最高人民检察院向教育部发送了《中华人民共和国最高人民检察院检察建议书》。一方面，这是最高人民检察院直接向国务院组成部门发送检察建议，当属首次；另一方面，这也是首次最高人民检察院发出的社会治理创新方面的检察建议书，编号为一号，故称为"一号检察建议"。

涉及异地调查。现在说实话，本地人条件好一点，违法犯罪的比例比较小，孩子也会被照顾得比较好，最容易受到侵害的是外地的孩子。但是，外地孩子做社会调查就很麻烦。"（区检察院 J）

"还有就是合适成年人到场，我们非常需要专业的人员参与，比如社工可以发挥作用。我们的法律要求，对未成年问询需要有成年人陪同。目前，我们是有一个人力资源库，但这些人并不是专业的人员，不具备一些专业的知识和素养。可能还需要我们对他们进行培训才能做好。另外，这些人也都是兼职的，你不可能随叫随到。"（区检察院 J）

"还有心理辅导也是需要社会力量参与的。我们的案件中，特别是被害人还未成年的，尤其是涉及性侵犯的，对他们进行心理疏导是很有必要的。在这方面，我们在探索与心理咨询师团队合作，在有需要的时候，请他们来做心理疏导。有时也会请妇联帮忙，联结一些这方面的资源"。（区检察院 J）

第二，制度建设部分。自"一号检察建议"出台后，检察院在常规办案之余开始将工作推行到未成年人受侵害之前，且在司法体系之外加大与行政部门、社会团体的合作力度。其结果是，在总结之前的办案经验之基础上，检察院联合多部门出台了一系列预防性政策，为避免未成年人权益受侵犯做提前部署。例如，在全省率先探索实践侵害未成年人权益强制报告制度，建立防范侵害未成年人犯罪入职查询和从业禁止制度，与未成年人密切接触的工作岗位不得录用曾实施性侵害未成年人犯罪的人员。

"我们现在提出来未检的案件，其实不能光去局限于这个案件本身来办理，我们现在更希望强调什么呢？你在办理案件过程中发现有哪些涉及侵害未成年人的权益的地方，包括有哪些行政或者监管方面存在不足的地方，也要我们检察机关履行职责。更重要的是什么呢？如果只是一个案件的办理，其实它所起的作用是非常有限的，最大的作用是希望能够在未检案件办理过程发现制度性改善空间，就是能够把对未成年人权益保护提前，而不是说等到案件出现以后再进行惩戒。如果说在个案的办理过程中发现未成年的保护存在不足的地方，你把保护制度往前移的话，你保护的就是全体的未成年人。我们现在注重得更多，这方面是最重要的项目。"（市检察院 G）

三、在儿童保护体系中的角色

（一）在流程顺序上处于后端位置

相对于民政等行政福利部门，司法机关的角色通常都是在案发后才入场的，而检察院在整个司法机关中又处于比公安机关更后端的位置。可以说，检察院在儿童保护体系的位置是相对靠后的。虽然检察院开始尝试在前端做一些预防性工作，如上述所言中的入职查询、强制责任报告等，但无论如何这些还是立基在本职工作之上，为基本办案职能的副产品。

"我们检察机关，说句实话，最基本的职能还是亲自办案。我们只能是在办案中发现问题，我们可能会发现哪些思路有问题，然后我们会联合各部门一起共商对策，比如说制定一个制度来推动如何加强保护。"（区检察院 J）

（二）在与其他部门的关系中，检察院开始努力扮演网络合力的建设者

如果说妇联更多是在案件办理过程中，将不同部门串联起来，而检察院则比较擅长通过牵头并联合各个部门出台并落实相关政策集合起各个部门的力量。截至 2019 年底，大多数与儿童虐待相关的政策办法正是检察院牵头出台的，如入职查询、强制责任报告、强制性亲职教育等。虽然这些政策真正有效地落实下去还有很多的路要走，但至少已经在路上。这是因为检察院作为涉法部门，与未成人被害人有最直接的接触和最直观的认识，加之检察院是司法机关中有法律监督权的强势部门，因此，以政策的形式，将各个部门的职责以及相互之间关系通过正式的条文固定下来，检察院正在发挥重要作用。

"我们张军检察长（原最高人民检察院检察长），他讲了5个方面的内容，家庭肯定是第1个，你要落实对儿童教育；另外学校是最基本的；但是最重要一个什么呢？就是发动社会的合力。对于未成年人保护，需要妇联、残联，包括一些行政部门等各个部门一起做起来。包括我们出台强制报告，就是说要大家形成合力。"（市检察院G）

第七节　"无处不在的小助手"——社会组织

一、职能依据

作为非政府组织，社会组织虽然在儿童保护中没有法定的职能，但在现实中却在积极介入。这是因为，一方面，儿童一直是一个备受社会组织关注的群体，不少社会组织以儿童的发展作为自身使命；另一方面，大量的政府购买服务，推动着社会组织在这个领域持续服务。相比政府职能部门，社会组织在服务供给上具有专业性、多样化以及充足的人力等优势，因此越来越受到相关部门的器重。

二、职能内容

社会组织在儿童保护中发挥的作用是重要且无处不在的。首先，在预防性阶段，越来越多的社会组织为处境不利的或一般性的儿童和家庭提供服务。这些服务多数以政府购买服务的形式进行，以项目化的方式运作。比如民政部门的困境儿童、流动儿童项目，妇联的婚姻家庭项目，团委的各种关于儿童素质提升的项目。另外，也有社会组织基于自身的使命和关注的价值，自主地开展一些有意义的服务。比如，走进学校与社区为儿童提供各种防性侵宣传、联合志愿者定期走访与服务困难家庭儿童等。综上所述，这些服务的覆盖对象多元，从一般性儿童到特殊困难儿童，从儿童到婚姻家庭，服务内容丰富，如个案陪伴、小组活动、社区宣传等。同时，由于各个地区和各个部门关注的重点、重视与投入的程度不同，这些服务也是破碎的、分布不均衡的。

其次，社会组织在服务提供时能兼具发现那些遭受到家庭不良对待的儿童，特别是遭受家庭暴力的儿童。由于社会组织与儿童和家庭之间具有直接接触、长期互动、彼此信任等特点，社会组织往往能够敏锐地体察到儿童状态的变化，并能进一步了解儿童的遭遇。在访谈中，一名长期为儿童提供课后活动的社会组织工作人员就遇到过这些情况。

"小朋友犯了错误会跟你讲。他犯了错之后，他那个状态就会非常地不一样。我遇到过两个刚好是相反的案例。一个孩子特别胆小，刚来的时候他走路就溜墙边走，缩着趴门口看看。他被爸爸打、爷爷打，遇到事情就挨打，打到他自己整个都是一个特别焦虑的状态。因为他做错任何事情，也不敢去承担，所以他遇到什么事就撒谎，他觉得一个谎要靠另一个谎来圆，所以他整个人的状态特别不稳定。"（J 工作人员）

"另外一个孩子跟你说他被家暴也是被打，他爸爸妈妈都打他。他家有两个孩子，他是老大，有一个弟弟，他弟弟相对就乖一点。他就觉得所有人都不爱他，遇到事情就打他。然后别人只要一碰，他反手就打回去。所以他的问题就是他会去打别人，而且他经常打架，你路过不小心碰他一下，他反过来要给你一拳的这种。"（J 工作人员）

最后，在儿童为受害人案件的司法审理中，社会组织经常作为紧急助手，协助相关部门开展工作。如《中华人民共和国刑法》《中华人民共和国未成年人保护法》等对未成年人为被害人的处遇过程有一些特殊的保护性规定，而司法机关通常不具备全方位的经验和专业性。此时，社会组织等可以发挥专业优势和柔性力量，协助司法机关开展服务。通常，社会组织出现在儿童遭受侵犯后的紧急心理疏导、为减少对儿童的二次伤害协助司法机关问询等。由于这类事件具有突发性，此类服务通常没有固定的服务契约，具有临时性、一次性的特点。

三、在儿童保护体系中的角色

社会组织在儿童保护体系中主要担任专业服务提供者角色，协助各单位落实服务职能。福利部门的公务员主要负责工作的协调、沟通、管理工作，相对较少参与具体的实务。比如最大的福利部门——民政，最主要的工作为福利资金的管理与发放。这就导致在需要提供具体服务的时候，相关部门因缺乏相关人力，也缺乏专业性而无法履职。社会组织正好可以作为相关部门的助手，帮助他们补足这些职能。而且，社会组织可以发挥作用的空间是无处不在的。在与各部门的访谈中，几乎所有职能部门都认为借助社会组织力量落实服务职能是最可行的方法。虽然这里面也存在一些问题，比如后文会具体说明的社会组织发展不健全或者专业性还有待提升等问题。

> （问：因为这项工作的增加，有没有给你们增加人员编制？）"没有，其实我们这个部门也只能做一些指导性的工作。如果是去参与的话，像这种工作量是完全完成不了的。""所以我们现在在吸收大量的社会组织来支援我们工作。有大量的志愿者在这里面，在市级也有几百个志愿者。"（救助站C）

第八节　其他部门

在儿童保护体系中，还有三个部门时常出现在相关政策中，它们是法院、学校和医疗单位。由于这三个部门在其基本职能之余，对儿童保护工作主要是积极参与，故以下只做简单介绍。

与检察院的性质相似，法院是一个司法机关，面向的是那些走入司法程序的案件。相较于检察院，法院在司法流程中处于更后端的位置，履行最终判决的职能。在这种情况下，若将法院放置于儿童保护体系中，其角色依旧为依法审判，并在需要时候对其他部门的工作给予配合。

另一个与儿童密切接触的部门为学校。虽然在检察院牵头出台的"强制责任报告制度"中，与其他密切接触儿童的部门一样，学校被赋予发现受虐儿童并通报的责任；但实际中，由于种种原因，学校并不知情，两所访谈的学校也从未遇到需要通报的事件。从学校的性质上说，学校之于儿童的主要责任为教授特定知识，且是"围墙内的教育"，在儿童保护的跨部门合作中的存在感看来还不明显。

医疗单位，如各类医院、诊所等，他们虽然既非政府行政部门，又非司法执法机关，但因其职业特性，也被纳入儿童保护服务体系中。在面向儿童的医疗工作中，医疗单位若确认或者怀疑儿童受伤是由受虐而引起，则必须向公安和检察院通报。医疗单位的这部分职责，在强制责任报告制度中得到确认。

第九节　本章研究小结

总结而言，儿童受虐问题日益受到重视，儿童保护逐渐成为一个工作体系。在这个正在形成的还不成熟的松散体系中，各个部门在儿童保护中的职能混合了以往的工作传统和新的职能要求，同时整个运作体系中其扮演的特殊角色也得以初步显现。

如图4-1所示，民政部门主要职能为发放各项政策规定的救助资金，以及为处境不利的儿童提供社会服务；其在儿童保护体系中扮演福利托底的角色，是儿童最后的依靠。公安机关在儿童保护方面的职能主要体现在通过法律宣讲等途径进行法前的犯罪预防，以及发生儿童侵害的不法案件时及时受理案件，在儿保体系中，当触及法律底线时公安才会发挥主要作用，扮演法律底线的守卫者角色。检察院的职能主要为督查案件，以及近年来为配合预防未成年人犯罪出台了不少政策制度，构建儿童保护的制度网络，并由此在儿保网络中扮演联动各方的角色。法院职能为依法审判，以及配合其他工作，如法制宣传等与儿童保护的相关事宜，其角色为依法审判儿保案件。社会组织发挥其提供专业服务的主要职能，也在发现受虐儿童中发挥一些作用，在整个儿童保护体系中扮演协助其他官方部门提供服务的助手角色。团委在儿保中的职能比较宽泛，各个方面都可以涉及一些，也在其他部门的活动中积极配合，在儿童保护体系中主要发挥协调配合的角色。与团委相似，妇联也在儿保体系中发挥协调配合的角色，不过其职能上则主要是为家庭提供服务，以及维护儿童权益。社区作为联系基层的平台，其职能主要体现在汇聚并分配政府各条线的资源给儿童，以及汇聚并对上提供社区内儿童的信息，其在儿童保护中的角色主要体现在对有需儿童的发现上。此外，学校和医疗单位的职能与角色也在于发现有需儿童。

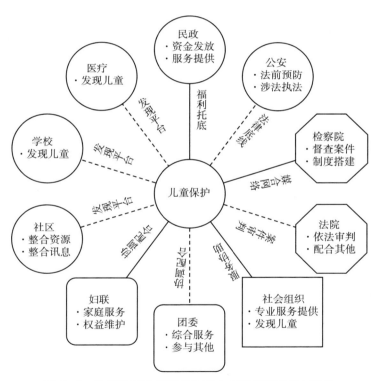

图 4-1　X 市儿童保护服务体系中各部门的职能与角色

注：（1）图中各部门外围的圆圈、圆角方形、正方形、八边形代表了其部门的属性，其中圆圈代表政府行政系统，圆角方形代表具有官方背景的社会团体，正方形代表民办社会组织，八边形代表司法系统。各个框内的文字描述的是部门的职能。

（2）图中的线条的虚实代表不同部门在儿童保护服务体系中的参与程度，其中粗实线代表参与度相对高，虚细线代表参与度相对低。各条线外的文字描述的是部门的角色。

在所有参与的部门和组织中，可以分为政府职能部门、公检法司法部门、具有党政背景的人民团体以及民间社会组织这几大类别。其中，民政、检察院、社会组织以及妇联，在当前阶段参与程度较其他部门更多。可见，儿童保护是一项特别受重视的工作，也是一项需要多部门参与的工作。

第五章

儿童保护服务体系的功能运作

第四章从横向间各个部门的角色分工出发，系统梳理了儿童保护各相关单位的职能，并由此分析了其在儿童保护体系中当前扮演的角色。本章将从纵向的功能运作出发，分析以上这些部门在儿童保护服务的运作中是如何参与的，即回答本书的第二个研究问题。儿童保护服务体系的功能运作在此分为发现机制、受理机制、处遇机制和跨部门合作机制，前三者展示的是儿童保护服务体系的运作流程，后者主要阐述这个运作流程中的跨部门合作与协调。表5-1展示了各个部门基于自身的职能以及角色定位，在这四个功能机制中的参与位置。以下将具体分析儿童保护服务体系中的这四个功能机制。

表5-1　　　　　　各部门的角色与儿童保护服务体系的功能运作

功能运作	角色							
	资讯平台	福利托底	协调配合	法律底线	协调配合	媒合网络	服务协助	发现平台
发现机制	社区						社会组织	学校、医疗
受理机制		民政	妇联	公安	团委			
处遇机制	社区	民政	妇联	公安	团委	检法	社会组织	学校、医疗
跨部门合作机制		民政	妇联		团委	检察院		

第一节 发现机制

发现是保护儿童体系的第一步。发现机制包括发现那些处境危险的儿童，以及那些已经遭受不法侵害的儿童。从现有的组织体系和社会环境来看，若儿童遭遇不当对待或者处境危险，将有很多管道能够发现并上报到相关部门。尤其是与儿童密切接触的单位，它们已经建立的一些工作机制具有类似发现的功能。

一、社区作为通报管道

作为基层组织，社区与居民联系最为密切，是掌握居民信息最充分的部门。社区可以通过多种方式发现需要保护的儿童。

首先，社区自身在参与社会治理的制度建设中，已经形成了一些固定的工作机制。比如，网格员制度、楼道长制度，这些工作机制能够帮助发现有需求的儿童。网格员制度是指以网格来划分社区的地理和居住空间，每个网格由一名社区居委会成员负责，负责定期走访社区住户并了解需求。楼道长制度则将工作更具体到每个楼道。楼道长由该楼道中有责任心和有威望的社区成员志愿担任，对本楼道居民的日常生活和需求给予关注和关心。他们在社区定期的楼道长会议上汇报工作，或随时将发生的紧急情况回馈给社区。

"如果（当事人）户口在我们街道的话，相关情况肯定是能够被发现的，因为我们各个社区都有社工，都由他们分管。网格化管理，就是片长。也就是说一个社区有 10 个社工，负责 1 号到 10 号这几幢楼的社工是片长。每幢楼都有小组长（楼道长），在这种网格化管理的情况下，户籍在我社区的人员都要定期上门去走访，相关情况肯定会被发现。"（社区工作人员 D）

其次，在相关部门落实在社区的某些条线工作也有一些排查机制。如，妇联每月的"婚姻家庭矛盾排查机制"，要求社区妇联负责人有意识地关注社区居民在婚姻家庭方面出现的纠纷与暴力，每月例行统计并上报。再如，公安机关在每个社区分配一名社区民警，主要负责定期上门进行人口排查、治安工作宣导等。因此，若儿童出现一些变故，这些机制在某些程度上能够给予发现。

> "碰到这种事情，比如说有这种家庭，我们有一个叫婚姻家庭的纠纷排查机制，我们是每个月要上报的。然后这种时候她们（社区妇联负责人）一般就会给我们报上来。"（区妇联 N）

最后，社区作为一个基层办事单位，在协助居民申请福利或者办理相关证明时，可以掌握居民的基础资讯。如，若儿童父母因违法犯罪被拘留或者长期服刑，司法机关会通知到社区；若儿童父母致残或死亡也需到社区开具证明；若社区居民发生重大变故陷入贫困需要申请救助金时，也会到社区咨询与申请。

> "不会有遗漏。开始，比如说刚刚发生（儿童与家庭变故）的时候，可能不会到我们这边。但是每年的话基本上这些新出现的情况都会掌握，因为他们也会主动先找到你。比如小孩子出现重残重病，会向我们申请医疗救助，可能中长期的话，他们要做康复，康复涉及残疾证的申办，也要找我们办理。然后有些小孩的父母如果去服刑的话，我们这边会对这些服刑人员做一个筛选，看他们家里面小孩现在是一个什么情况。比如说有三四十岁的居民死亡，首先要到社区的，这种情况我们也会去看她有没有小孩，因为现在很多的基础的资讯申请都在我们社区阶段。即使说个别会有遗漏的话，我们有小组长（即楼道长）会议排查遗漏，我们定期会召开居民小组长的会议。"（社区工作人员 C）

综上所述，社区更擅长发现符合政策支持范围的弱势儿童，如单亲、低收入、失依和残疾儿童，并提供政策性的福利服务。

二、其他单位作为通报管道

2020年5月出台的《关于建立侵害未成年人案件强制报告制度的意见（试行）》规定，国家机关、法律法规授权行使公权力的各类组织及法律规定的公职人员，密切接触未成年人行业的各类组织及其从业人员，在工作中发现未成年人遭受或者疑似遭受不法侵害以及面临不法侵害危险的，应当立即向公安机关报案或举报。除了社区外，与儿童密切接触的其他单位，也有可能发现处境不良的儿童并向有关部门通报资讯。

第一个是医疗单位。医疗单位在处理儿童受伤、未满14岁的儿童怀孕等医疗事件时，可就相关情况通报给检察院和公安机关。截至2019年底，X市"强制责任报告制度"实施以来最主要的通报案例就是来自医院，这得益于医院能够掌握明确的证据。这对那些伤势明显的儿童有效，但对于遭遇心理虐待、长期性照顾疏忽等问题的儿童则很难依靠这种管道被发现。

"我们是规定医疗系统如果发现案情必须通报，他们也是执行得比较好的。而学校的案件很多（以往的犯罪统计报告显示，发生在职业学校的案例很多），但是实际报上来的不多。患者到医院就诊，医生如果发现患者有异常行为的话，必须要报。"（市检察院G）

第二个是学校。如果儿童遭遇不良对待，老师可以对儿童的状况通过观察和询问做出基本判断，同学若知情也会讨论并告知老师。

"说实话，因为我们这里的小孩，相对来说居住得比较集中，所以有些什么事，其他小孩都会讲，讲了以后老师都会知道。像有一次我们有一个小孩家着火，全部烧光了，第2天我们学校就知道了，我们在第2天开了会，到第3天我们就组织全体老师、学生，特别是老师，帮他捐款，送去衣服什么的，我们超配捐了2万多块钱。对这些小孩的情况，

我们说实话，动态一般掌握得相对比社区要晚一点，但是资讯还行。就是住得比较近，然后又会讨论，就能了解得到。"（老师Y）

第三个是社会组织。如前所述，由于社会组织在此方面比较具有敏感性，在与儿童互动或者家访过程中，通常能够发现此类情况。

"我每次去都跟她讲自我保护的知识。她爸爸脑子不怎么清醒，满世界地玩，好多朋友，有各种陌生的男性到孩子家里去玩。然后有一次我去孩子家，可能因为之前讲过女童保护的课程，我就特别敏感。发现夏天小女孩穿得很少，然后坐在一个中年男人的腿上。我第一反应，我就问你是谁？他就说我是×××；我说你为什么到他们家里？后来我一直跟那个女孩子讲自我保护的知识，后来她每次见到我，她就会说爸爸有没有带谁谁回来了。不过好在他爸爸时间长了以后也很听我们的话。"（E社工）

三、社会大众报警

社会大众报警是最传统和有效的方式，尤其是对于那些在公共场所施暴的事件，比较容易引发社会大众的关注和通报。但是在隐蔽场所，如家庭内部，这种管道则比较困难。

总之，发现的管道很多，各有优势，相互补充。社区在儿童的家庭重大变故而处境困难时有优势；医疗单位在儿童出现明显外伤时反应最快；社会大众在应对暴露在公共场所的事件上最及时；此外富有关怀的学校老师、敏感的社会组织工作人员都能够为发现处境异常的儿童贡献一分力量。

第二节　受理机制

在"发现"需要帮助的儿童之后，便进入到受理机制。即通过上述多管道发现的儿童，应当交由哪个部门受理，以及该部门如何就当前情况做出反应。X 市的儿童保护没有一套完善明确的受理机制，一些相关部门基于原有的职能承担着接案与初步评估的角色。

一、多部门受理

总体而言，在儿童保护的体制建设上，还没有规定一个明确的部门负责接案。然而，这并不是意味着受理机制的缺乏。实际上，由于很多部门都有服务儿童的职能，因此，在工作中形成了多部门受理的现象。换言之，这些部门都可作为接案部门，将案主带入自身或者其他部门的服务体系中。具体而言，第一个接触案件的部门通常会主动担任接案部门。这些接案部门会根据案主的需求，提供符合本职工作内容的协助。如果案主的需求超过了本职工作的范畴，也会牵起头，积极联络其他部门的资源。

"它就分两个方面，如果存在着生活的问题，肯定是民政来管，民政就对应一个救助的方面。要是真的是有家暴的情况的话，我觉得他找任何一个部门，我们街道的这些干部（包括妇联、团委、关工委等部门）都不会推脱的，这是他们的职责所在。对团委来说，他们关注青少年，关工委也关注青少年，对我们妇联来说，那就是负责妇女儿童的权益这一块。可能就是要牵涉到其他方面，我们会和司法机关、派出所进行一个沟通……我认为找谁都应该处理，没有一个推脱的。比方说，谁第一个接待谁就来负责这一块，就要和司法机关、派出所联系，看政策上有什么规定，应该怎么处理等。"（街道妇联 T）

在当前的体制下，常常会提供接案服务的部门有团委、民政、妇联和公安机关。这些受理单位因本身的职能不同，其提供服务的侧重点也有所差异。

第一，共青团。共青团的本职工作虽然主要是青年，但也涉及未成年人，例如，团委在市一级成立了"未成年人保护委员会"。因此，当团委首先接触到有需求的儿童时，也会积极受理。由于团委的主要职能在于思想引领，对于这类儿童的说明方式一是提供经济救助，二是提供联络和转介服务。

> "假如找到我们，一般会有两类。第一类，家庭经济困难。对此我们有完善的、开展了 30 多年的'希望工程'体系（经济救助）。对于先来找到我们的案主，如果他符合我们的政策，我们会去帮他申请救助。可以通过乡镇一级，街道和社区团组织，因为团组织也是覆盖比较全的。也可以自己直接来找到我们，把相关材料递交给我们，如果符合条件的话，我们也会通过希望工程进行救助。
>
> 第二类，像你说的，遭受到家庭暴力、性侵害等。这类情况从我到团委后，基本上是没有接触过。但如果真的有，肯定是先看案主需求，看他是想离开家庭，还是想寻求司法的介入等，我们也会根据他的这种需要再推广。我们是可以接案的，但是肯定会有一个转介的过程。因为从我们角度来讲，团委的工作不是做具体实务。"（团市委 D）

第二，民政。一般而言，一般性儿童福利问题，如家庭经济困难、事实孤儿等，主要接案的是民政部门。因为民政部门是最大的福利部门，掌握多数救助金的发放。因此，民政更多会先从物质层面给予关爱。

> "其实民政救助这一个板块，在对象的服务上面，因为我们没有那种比较专业的知识，所以我们所能做的就是经济扶持。如果再深入一点，比如说孩子的教育问题、心理辅导问题，从我们这个层面来说是特别专业的问题，很难解决。"（街道民政 R）

第三，妇联。妇联一直秉持维护妇女儿童权益的组织使命，且在市一级部门设置有"妇女儿童权益部"，专门为权益受侵犯的妇女儿童服务。相对公安部门，妇联的工作比较人性化和柔性化，易于接近，且掌握较多社会组织资源。妇联接案，能够从心理层面给予更多支持。

> "从我们 X 市妇联来说，我觉得我们在心理疏导这方面的作用可能

会越来越大。因为现在很多案件虽然说案结了，但事还不一定能了结，尤其是如果当事人的心理不能得到及时的疏导，他的这些压力得不到及时的释放，可能到时候还会有一些不太好的后果。所以说如果可能的话后续我们考虑进行回访，到时候可能有我们一些心理咨询师一起来参加，可能更能够摸到一些真实的情况。"（市妇联 E）

第四，公安机关。对于儿童遭受严重不法侵害的事件，主要的接案部门则为公安机关。公安机关是打击违法犯罪、维护治安的最有力部门，具有惩罚和威慑作用。对于那些情节恶劣、事实清楚、证据确凿的不法行为，公安机关是最适合的接案部门。X 市 2018 年颁布的 "关于建立侵害未成年人权益案件强制报告制度的工作意见（试行）" 明确规定了公安机关的这项职责："根据相关规定，儿童福利机构和救助管理机构、教育机构、医疗机构及其工作人员，在工作中发现未成年人遭受或疑似遭受强奸、猥亵、虐待、遗弃、暴力伤害，存在自杀、自残、工伤等非正常伤害、死亡的情况，应当在发现或案发 24 小时内向公安机关报案……，公安机关在接到报案后，应当及时出警，迅速审查，依法决定是否立案并通报同级检察机关。"

二、多部门受理评价

多部门受理的优势之一是，在这么多部门中总会有一个部门来接案。例如，当有些案件在公安看来可能没有那么重要，而不予处理时，其他部门可以积极站出来，带动公安部门履职。以下的例子说明了妇联是如何通过联合检察院介入，或向上级公安机关说明情况，以达到促进基层公安履职的目的。

"他们为什么会到我们这里来呢？因为在到这里来之前，他们已经去派出所报过案了。他们报案以后，肯定和派出所有一些交流，了解过这案子会怎么样……因为派出所办案不可能去回答他们这样一些问题的，所以说他们就觉得好像派出所对他们不够热情，或者说不准备要处置的样子。然后他们到我们这里来，他们当时希望借助我们的力量能够推动一下，让这个案子得到依法处置。我那天还问案主，我说你来的主要目的什么？他说没啥目的，主要叫男的受到处罚，我说你这个东西很简单的嘛。后来那天也是都（下午）5：00了，我第一时间跟市检察机关联系，第2天就跟我们区里的检察机关同步跟进了。"（市妇联 E）

"所以说，这个案例给了我们以后，我们觉得派出所没有处理到位的，肯定找检察院，我就是这么弄，我首先自救。然后我找（上级）公安部门，每个层面都有代理人员，我就把这个情况通报给他。当然了有的时候案主回馈过来的资讯也不一定完全准确，因为有的一些信访人他出于种种考虑，可能隐藏掉一些资讯。所以说我们目前只能帮案主去了解一下，核实一下。"（市妇联 E）

由于没有明确的一站受理部门，每个发现管道做出的反应都有其差异性。在这种情况下，他们通常倾向于通报给自己熟悉的或者认可的单位。在访谈中，就社会组织发现后是否会选择报警，社会组织表示相较于直接报警，他们更愿意先与购买服务的单位商量或者通报给工作方法上更具柔性的妇联等部门。

社会组织 1：

"肯定第一个是要问妇联，这可能妇联会管，我可能会第一个告诉他。"

（问：为什么不是报警？）

"因为觉得公安没有处理这方面情况的能力和经验。主要是先告诉妇联，妇联肯定会向当地政府汇报，然后政府可能会组织一个什么工作小组来处理这个事情，公安局、公检法肯定要出席，然后可能要办这个案子。"

（问：为什么想到报给妇联？）

"我觉得妇联的角度会比公检法的角度要更人性化，更是在关爱的角度。"（E 社工）

社会组织2：

"遇到家暴的情况的话，首先我们肯定会跟上一级民政这边沟通，因为关于家暴这一块不应该只是我们社工来接触，还有可能涉及司法、公安等，妇联这一条线也有可能会涉及那些工作。只能说是协同一起开展，可能协同一起工作，不可能说单单我们就去处理了，而且也不一定能处理的了。"

（问：有没有想过报警？）

"可能是先跟民政沟通了之后再一起决定。直接报警的话，我觉得有可能比较草率。报警是应该的，但是肯定还是事先要跟他们民政沟通一下。因为总体上我们整个服务是属于他们项目的。"（F社工）

总而言之，儿童保护的受理机制是多部门受理，且各部门受理的侧重点不同。这套机制使得大众或者社会组织在发现需要帮助的儿童后，在寻找受理部门上有更多选择空间。

第三节 处 遇 机 制

现有的儿童保护体系，还没有明确规定的受理单位，也没有形成制度化的处遇模式。总结各单位访谈者对儿童虐待个案处遇过程的描述，儿童保护的处遇可以大致分为分类评估、紧急处遇、一般性处遇、结案与追踪等环节。虽然，受案件的复杂程度、接案部门的处遇作风等因素的影响，并不是所有的个案都会依循这个流程，但整体上反映了儿童保护服务的处遇思路。

一、分类评估

受理部门在接案后，首先会对儿童的基本情况做出初步评估。

若儿童面临的是一般性福利需求，如家庭经济贫困、重病、残疾、父母监护缺失等符合困境儿童的类别，或者孤儿等，则会纳入国家福利政策体系中。各个相关部门根据自身的职能为其提供应得的救助与服务。

若儿童遭受不法侵害，如严重的家庭暴力等，则需要司法部门同步介入。根据 X 市 2018 年出台的"关于建立侵害未成年人权益案件强制报告制度的工作意见（试行）"，发现有未成年人疑似遭受性侵、虐待、遗弃等严重侵害未成年人身心健康情形的，应当在发现或案发 24 小时之内向公安机关报案；同时向人民检察院通报情况。

> "一般的话，他过来找我们，我们要有一个分类。先判断这是一个什么问题。比如说可能是有困难的情况，我们可以直接跟民政部门来对接了，也有可能像刚才讲的，我们一看就是个刑事案件，那么肯定叫检察机关来介入了。"（市妇联 E）

二、紧急处遇

对于儿童遭受不法侵害的事件，则立即进入紧急处遇环节。在此阶段，接案部门（也可能是公安机关）联动公安机关、检察院以及其他与有协助需要的部门或组织对儿童及家庭的处境进行紧急评估，并根据儿童及家庭的不同需求，为儿童提供紧急处遇，包括紧急医疗、临时安置、心理疏导等。

通常社会福利部门与司法部门会联合工作。但实际看来，很多案件可能直接走入司法处理体系，而司法机关与社福合作的现象还较少。

比如，在问到与社会福利单位的合作情况时，公安机关的受访者表示违法犯罪的案件会直接提交检察院，与社区等社服单位的合作仅限于法制宣传等。

> "这种情况，一般都是我们自己做了，提交检察院。与社区合作的都是些不涉及违法犯罪的事情，比如法律宣传等。"（警官 V）

再如，其中一个妇联单位在受访时也表示，有些儿童虐待案件走入了司法机关，但并没有与妇联系统接触。

"我认为，有些情况我们目前是没有发现，至少是我们妇联本身没有接到，但是不排除没有。有的涉及未成年人案件，可能就是在检察院那边。"（区妇联N）

三、一般性处遇

一般性处遇针对两类，一类是上述那些面对一般性福利需求的儿童，另一类是那些在紧急处遇结束后仍需要社会福利支援的受虐儿童。特别是对于遭遇虐待的儿童，在紧急处遇结束后，其心理创伤能否恢复，能否在一个安全的环境中健康成长，有赖于持续的帮扶。因此，这个阶段主要解决那些随案件发生而暴露出的家庭问题，预防此类事件再次发生，或者妥善处理那些因为案件发生其家庭面对的新挑战。

一般性处遇面向的是儿童长期发展的需要，主要包括对儿童的心理辅导和生活处境的改善。X市的儿童保护工作整体上主要以个案的方式进行，针对每个儿童或者家庭的需要，提供个性化的服务。再者，由于案主的需求是多样化的，服务通常是不同职能部门联动的。另外，社会组织通常在相关部门的委托下为儿童和家庭提供具体的服务。

值得肯定的是，2019年X市所在的省份正在推动"强制性亲职教育"，而X市M区积极回应与跟进，针对辖区内的特殊困境儿童和走入司法系统的受虐儿童，联合专业的社会组织提供有针对性的服务。

四、结案与追踪

结案的类型主要有转介外省市、永久安置、改监护权、服务结案。对于流动儿童和家庭，在处遇结束后可能会考虑转介外省市。永久安置和改监护权的处理因为相关政策不够明晰，剥夺监护权后的监护问题比较棘手，因此司法机关处理起来比较谨慎，这类案件也很少见（且在访谈中了解到处理过程中遇到很多周折）。在一般性处遇结束后进行服务结案是比较常见的一种做法。但由于没有明确的政策规范，服务的次数、服务的内容、服务成效的达成都基本依赖相关部门的主观判断和考量。

由于社区是与居民联系最为密切的单位，追踪服务一般落实到社区进行。追踪也没有形成明确的机制，一般做法是采取回访的形式，由社区工作人员或者协同心理咨询师、社会工作者等专业人员实施。主要是评估案主的问题是否得到了解决、处境是否得到了改善、是否有新的问题出现等。

长期而言，社区对辖区内的困难家庭，在长期的工作过程中形成了定期和不定期的走访机制。这些机制同样发挥了追踪服务的功能。如妇联、民政、团委等针对特殊困境儿童、孤寡老人、身心障碍人士等，会在一些逢年过节等特殊节庆日上门走访和慰问。另外，社区的网格员制度、楼道长制度等，也会使这部分人能够在平时得到特殊关注和照顾。

总而言之，接案后的处遇机制，主要体现了分类处遇的原则和整合资源的个案工作方法。在对儿童的情况进行初步评估后，具有福利需求的儿童直接进入一般性处遇环节；遭受不法侵害的儿童则首先进行紧急处遇。在处遇方法上，一般由受理部门牵头，整合各部门现有的资源以满足个案的需求。至于个案的结案与追踪，则还未形成明确的制度安排。

第四节　跨部门合作机制

儿童保护是一个跨部门的合作机制，没有哪一个部门能够独自完成。每个部门都有各自的职能，每个部门也都有自身的局限，或者这些特定的固定的职能有时也是这些部门的局限。正是这些优势和局限，以及现实的改革需求，决定了每个部门寻求合作动力。在跨部门合作中，本节将重点讨论两个方面，一个是统筹部门，一个是合作机制。

一、统筹部门——多头统筹、各有侧重

吉尔伯特、帕顿（Parton）与斯科维（Skivenes）在 2011 年发表的《儿

童保护制度：国际趋势和方向》一书中，对世界发达国家儿童保护的跨部门合作机制作总结后发现，要么有一个明确的统筹部门，如"儿童保护"模式，要么没有明确的统筹部门，但资讯在相关部门之间是共用的，如"家庭服务"模式。X市在实践中并没有一个明确的主导部门，或者说，各个部门在各自的领域都是主导部门，只是彼此之间的分工有所不同。

虽然，当前的儿童保护体系还没有发展出来一个明确的统筹部门，但在现有的行政体系中，一些组织被赋予了协调各部门合力履职的职能。从X市的市级层面来看，这些组织包括办公室设在市妇联的委员会——妇女儿童工作委员会，以及办公室设在团市委的未成年人保护委员会。虽然，它们都具有保护儿童的协调性质，但是它们面向的儿童群体和角色功能上略有差异。除却这些群团系统内的具有协调功能的常设组织，一些司法机关和职能部门，本身就有统筹管辖范围的儿童保护事务的职能，包括X市检察院以及X市民政局。

（一）未成年人保护委员会

未成年人保护委员会（简称未保委）是一个由X市各个与未成年人职责相关的部门组成的委员会，旨在督促各相关单位在自身职责范围内落实未成年人保护的法律、条例，为保护未成年人形成合力。2019年，未保委的办公室设置在共青团X市委员会中（团市委）。未保委的工作通常面向全体未成年人以及他们广泛的需求，主要的作用在于立法建议、政策制定、重大案件的协调。

> "但是我们共青团主要发挥的作用，不是具体的个案实施和服务，是政策的制定或者重大问题的协调、立法的建议，在宏观政策层面上它会有一定的作用。未成年人保护委员会办公室，主要在政策上对重大政策、重大调研进行协调。"（团市委D）
> "所以从团委这个层面来说，就像我们刚才讲的，就是未保委员，比如今年虐待事情多了，我们今年就作为一个议题，看看明年

怎么样完善服务网络，或者制定哪些政策、流程和配套资金保障。"（团市委 D）

（二）妇女儿童工作委员会

与未保委一样，X 市妇女儿童工作委员会（妇儿工委）也是一个多部门的联合委员会，其办公室设置在 X 市妇联。稍有不同的是，妇儿工委关注于当时期妇女儿童发展规划的落实，且更加关注权益遭受侵犯的妇女儿童这个群体，以及她们维权的需求。

"然后我们市里有一个未成年人保护委员会，是团委牵头，他可能后面要调整，然后他是各个部门一起参与的。那么涉及未成年人保护的，像我们妇联主要就是妇女儿童，因为我们负责未成年人保护这一块。我们还有妇女儿童工作委员会，它的工作由各个部门开展，但是它的办公室是放在妇联这边的，它的任务主要是维护儿童的一些合法权益。那么它也有具体规划的，比如'十三五'妇女发展规划，'十三五'儿童发展规划，然后明年收官，我们就要开始准备'十四五'的规划，都是在国家大的指导下做的，然后形成部门合力。基本上是这个情况，因为不管是妇儿工委还是未成年人保护委员会，都是一个协调机构。协调机构就相当于从制度上进行一些安排，每年会开一些相关的会议。"（区妇联 N）

（三）X 市检察院

如前所述，检察院在未成年人的工作上，开始从司法的后端处遇工作走向前期的预防。检察院的统筹作用主要体现在，积极牵头并联合各部门出台并落实一些儿童保护政策，如入职查询、强制责任报告、强制性亲职教育等。同时，针对儿童权益受侵犯的案件，作为一个执法监督者的角色，检察院在立案和侦查阶段，通常提前介入并积极统筹未成年人的各项需求。

"未成年人保护还有一块我觉得比较突出的是我们检察院，有个未成年人检察科。他们是做了大量的工作的，这里面涉及一些进学校、进社区的普法，另外还有一块就是涉及未成年人被侵害的案件，那么公安那边有一些立案的，未成年人检察科这边会有一些处理。"（区妇联 N）

（四）X 市民政局

传统上，民政部门就是儿童福利的主导部门。在最近出台的政策中，民政部门被要求承担起服务"困境儿童"的重要责任，担任这块工作的牵头部门。为配合国家政策的落实，X 市民政局成立了"儿童福利处"，负责全市困境儿童的统筹工作。"儿童福利处"确实在联动其他相关部门合力排查全市困境儿童方面发挥了作用。

"困境儿童保护这一块是民政在牵头，困境儿童的数量全部是由民政那边在摸清。一些个案的辅导，他们会交给社会组织来做。"（区妇联 N）

总而言之，虽然没有一个明确的儿童保护的统筹部门，但是上述这四个组织（委员会/单位）都可以发挥统筹协调的功能，如表 5-2 所示。同时，通过分析，我们也可以看到这四个组织的一些区别。前两个是办公室常设在团委和妇联的多部门联合会议，不具有法律职能，主要在重大案件上发挥协调作用；后两个是司法和职能部门，主要是为了履行本身的法定职能。在工作侧重上，未成年人保护委员会主要提供面向全市未成年人的广义层面的保护；妇女儿童工作委员会主要关注权益遭受侵犯的儿童；检察院未成年人监察科与妇女儿童工作委员会关注的对象类似，只不过他们主要从司法角度来维护未成年人权益；民政局儿童福利处，则从困境儿童的概念着手。

表 5 - 2　　　　　　　　　　　　具有统筹功能的组织

主导组织	所在单位	性质	主要功能
未成年人保护委员会	团市委	协调组织	未成年人保护
妇女儿童工作委员会	市妇联	协调组织	妇儿权益维护
未成年人检察科	市检察院	职能部门	未成年人司法保护
儿童福利处	市民政局	职能部门	困境儿童保护

二、合作方式——联席会议制度

联席会议机制是由多个部门自主发起，旨在通过召开联席会议的形式，加强彼此沟通协调的组织方式（陶振，2020）。联席会议并没有一个固定的形式，不同地区或者不同部门会根据自身的需求对联席会议的形式做灵活变通。大致而言，联席会议有以下几个特点：第一，联席会议的目的是处理一些突发事件或者定期相互沟通工作；第二，所处理的问题通常在当下没有法律规定或者法律规定不够明确，需要共同商谈而定；第三，参与单位拥有对等的沟通地位，彼此之间没有约束力和强制性，依赖自觉配合；第四，问题的讨论与解决主要集中在会上的时间而非会后。这种通过联席会议的形式进行的协调，有时又称为虚体协调，即"一般没有固定的常设机构和人员，往往是基于完成某项任务或应对某个突发事件而临时设立的协调机构，组织形式较为松散，协调机构的负责人一般由同级行政首长兼任，其他人员往往是从相关部门抽调组成"（陶振，2020）。

X市的上述四个具有统筹协调功能的组织和单位，它们都有各自的联席会议制度，并在联席会议中担任召集人。在需要统筹协调其他各相关机构共同开展工作时，上述四个协调组织或职能部门，具体通过联席会议的形式，邀请相关部门参会，共同商谈工作事宜，从而实现跨部门合作。总而言之，不同性质的虚体联合组织和实体职能部门通过联席会议的形式发挥着统筹作用。

第五节　本章研究小结

儿童保护服务体系的功能运作，从服务流程上看，其发现机制是通过多管道发现的，社区、学校、医院、社会组织、大众报警，都会在发现渠道中发挥作用。在受理机制中，并没有建立一个单一受理部门，是一种多部门都可以受理的状态。其中，主要的受理部门是民政、妇联、公安、团委。在处遇机制中，受理单位会评估是否为儿童虐待事件，如果是儿童虐待事件，则视情况邀请公安、检察院等部门同步介入，同时为受虐儿童提供所需的紧急服务，如医疗、临时安置等；如果不是儿童虐待事件，则进入一般处遇阶段，视其需要，联合各个相关部门为其提供所需的帮助。结案的情况一般有普通结案，儿童回归家庭；如果是外省市的儿童，则与其户籍所在省市相关部门联系，转介儿童到其户籍所在地；此外，还有改监护权和永久安置，此类案件比较少见。可见，在处遇阶段，有多部门联动提供处遇服务的特点。

在整个过程中，都体现出跨部门合作机制。若是妇联受理，一般由办公室设置在妇联的妇女儿童工作委员会达成；若是团委受理，一般由办公室设置在团委的未成年人保护委员会达成；若是民政部门或者司法部门受理，则分别由民政部门或检察院达成。以上四个协调组织或职能部门，具体通过联席会议的形式，邀请相关部门参会，共同商谈工作事宜，从而实现跨部门合作。对此，图5-1做了简要总结。

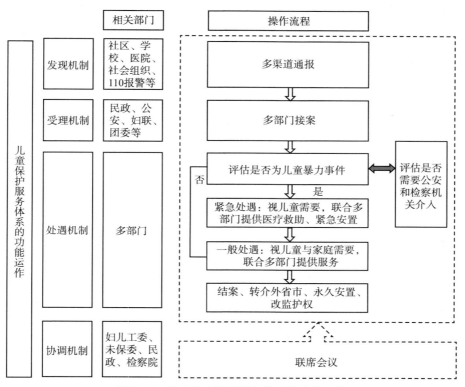

图 5-1 X 市儿童保护服务体系的功能运作

第六章

儿童保护服务体系的困境

　　第四章和第五章描绘了各个相关部门在法律政策规定下实际承担的职能与发挥的角色，以及服务体系在发现机制、受理机制、处遇机制和合作机制四个方面的功能运作。本章将在此基础上检视上述这些部分存在的问题与不足，即回答本书的第三个问题——儿童保护服务体系的困境。下文将从法律与政策层面、发现机制层面、受理机制层面、处遇机制层面、跨部门合作机制层面分别进行分析，最终为研究建议的提出做铺垫。

第一节　法律与政策层面的困境

一、法律的抽象性与滞后性

　　当前，儿童保护一个很大的问题是，在最高的法律层面，缺少明确详细的说明，导致在开展儿保工作时依据不足。这并不是说，在儿童保护方面没有法律保障，而是说这些法律条文过于笼统，只有大致的方向，而缺少实施层面的具体指引。以《中华人民共和国未成年人保护法》为例，该法最初是为了回应联合国《儿童权利公约》而出台，更多是一种宣示性意味。因此，该法常被批评其法律条文过于抽象，缺乏可操作性。

　　"现在法律上面就不完善。没有法律依据，什么事情都做不了。包括我们救助管理的工作，包括未成年人救助保护这一块的工作都没有一个实质性的法律依据。而且我们的《未成年人保护法》，也是建立在《儿童权利公约》的基础上制定的，所以它很多的东西都是很抽象的。"（救助站C）

法律除了操作性存在不足外，还存在更新缓慢的问题，导致不能及时回应不断变化的环境。可以说在儿童保护方面，我国体现的是政策先行的特点。法律修订的速度无法赶上政策的发展要求。如，在面对新时代的儿童网络性侵害案件，以及后文将提到的在当前大规模的人口流动下，流动儿童的跨区域合作问题时，就缺乏可循的依据。

"在公共政策上面，政策的修正和更新还有不完善的地方。这几年我们要进一步修订《未成年人保护法》和《预防未成年人犯罪法》，因为这两部法颁布已经十几年了，有很多事情跟不上来，包括像网络媒体对青少年儿童的侵害这一块，它们都没有提出一个很好的保障路径。"（团市委D）

二、政策碎片化与粗略化

在顶层设计层面，除了具有强制力的法律外，各地出台的政策也同样值得关注。然而，这些政策也面临着诸多问题，以至于相关的办法难以有效落实。

第一，相关政策呈现破碎化的状态，从而难以达成儿童保护的整体成效。换言之，政策与政策之间缺乏有效的衔接，难以形成一个服务的闭环。以"强制责任报告制度"为例，该制度对于如何发现受虐儿童从源头上做了全面的规定，但是在发现这些儿童并通报上去之后的处理，还没有相关的政策来做衔接。

"因为我们往往一项工作要有很多部门参与，比如强制报告，需要教育、医疗、儿童福利机构还有公安等十几个部门参与。但是真正做下来以后，你会发现，他报是都报上来了，你报了以后，是由谁来提供后续的服务，整个制度上的规定就没有了。"（市检察院 G）

第二，从单个的政策层面看，政策同样存在规定不细致、不具体的特点。例如，2016 年实施的《中华人民共和国反家庭暴力法》第十六条规定："家庭暴力情节较轻，依法不给予治安管理处罚的，由公安机关对加害人给予批评教育或者出具告诫书"。这一行政干预措施具有教育警示加害人，防止家庭暴力升级的功能。第二十三条规定："当事人因遭受家庭暴力或者面临家庭暴力的现实危险，向人民法院申请人身安全保护令的，人民法院应当受理"，以此禁止被申请人实施家庭暴力。然而，在执行中，因为只有笼统的说法，没有具体的标准，通报上来的事件是否符合开具告诫书或者人身保护令的情形，大多由受理人员凭工作经验判断而定，而因为经验不足等原因，工作人员一般倾向于采取原先的方法，保守处置。

"所以说反家暴机制都有，比如《反家庭暴力法》，但是各部门在执法的时候，有时也不知道如何处理。像公安要出具告诫书，公安也知道法律上有规定，但是具体执行法律的不是公安的哪个领导，是一个民警，所以这个民警要把握住分寸。在这种情况，他就会跟你讲，你们夫妻的纠纷，你们要去找妇联。那么这个事到底是应该去找妇联，还是符合开具告诫书的情形了，需要民警自己判断。一张告诫书，对家暴者是有震慑力的。但是能否拿到告诫书取决于这种时候你碰到执法人员。"（区妇联 N）

"然后像人身保护令，这两年我们妇联很认真地在宣传，告诉受害人你不要害怕，可以向法院申请人身保护令，你不知道怎么申请，我们有律师，我们律师来帮你弄。然后，好了，要申请人身保护令了，但法院的法官他吃不准了，法官在想，他这种情况要不要发人身保护令？所以我觉得这件事情你说法律没有规定吗？有啊，法律都有，但其实也啥都没有，需要每个执行的人去主观判断。"（区妇联 N）

三、部分政策存在形式化难落实

在一定的现实环境中，有制度并不代表实际有做法。很多政策的出台，可能为了达到某种目的而出台。比如为了创建示范单位或为了体现政绩而需要一系列政策文本材料来支援，即"为了出台而出台"，而在实际中并没有执行。以至于出现"上面白纸黑字"下面"一概不知"的情况。例如，在访谈中，有部门领导就对此表示，希望能将那些好的政策从纸面真正落地。这提醒我们应当理性和务实地看待当前存在的一些与儿童保护相关的政策或制度。

"实际上制度上更多的是白纸黑字的东西，但制度不在于制度本身，制度最重要是在制度的执行。因为有很多东西都是我们过去的一些优良传统，有一些东西确实非常好，包括 2013 年的时候我们省公安厅出台了一个叫反家庭暴力的告诫制度。告诫制度里面有很多东西，也表述得非常具体，非常明确，我拿今天的标准来看也非常好。但是有很多制度，不要说其他人了，就是我们的民警他自己都不一定知道，就更不用说完全按照他这个制度去执行了。我现在需要做的，对我而言最重要的就是，把前人的这么一些非常好的东西，怎么样能把它落地。"（区妇联 N）

另外，还有些政策，制定之初衷值得肯定，但是由于后期缺乏资金、人力等配套措施，以至于被束之高阁，停留在形式上。例如，有访谈者拿政府开展的精准扶贫政策举例子，来说明资金对于一项政策的重要性。

"你说的各个部门合作的制度是有的，但是没有办法实施下去。因为没有钱。一个制度出来，没有资源投入，资金不到位，只能停留在形式上。像精准扶贫怎么能取得那么大的成果，因为资金到位了啊！"（警官 V）

儿童保护是一个独特的政策领域，因为它的大部分程序和做法并非源自主要的立法，而是源自其后的规例、指引和良好做法守则（Lupton & North，2001）。儿童保护中各部门的角色表现受到法律与政策的影响，这些法律与政策是否规定到位，以及能否落实，决定了他们被赋予的角色能否实现。首先，在最高的法律层面，因法律规定在阐述上不够具体，以及法律不能及时修订以因应不断出现的新情形，直接导致各部门在新时期的儿童保护体系建设中，试图承担一些新角色时，缺乏法律依据。其次，在具体的政策层面，近几年来陆续出台的政策与制度，为相关部门的工作提出了新的期待与要求，赋予他们一些应然的角色。然而，在实然方面，由于政策存在的碎片化、粗略化和形式化等困境，这些被赋予的角色难以充分有效的发挥。各个单位在儿童保护中的角色还处在一个探索的阶段。

第二节　发现机制层面的困境

一、社区形态复杂，作为主要发现管道存在能力局限

关于发现机制所面临的困境，一个关键在于，不同类型社区作为重要发现渠道，其能力受到制约。尽管各类社区积极搭建了户籍管理、网格化调查、家庭矛盾排查等制度化检索机制，力求广泛掌握居民基础信息和家庭动态，但鉴于社区类型多元化，并非所有的基层组织都能与居民建立高度亲密的联系。例如，在现代化的商品房社区，社区（居委会）与业主关系相对疏离，信任度不高；此外，多数楼栋实施门禁管理，家庭生活相对封闭，这些都给社区获取居民信息带来障碍。在两个商品房社区调研点中，社区工作人员均表达了这一难题。其中一位工作人员指出，由于小区居住了许多外地人，他们对社区不熟悉，仅仅把这里当成一个办证的场所，而非传统意义上的熟人社区。这种现代社区与居民的疏离关系，直接制约了社区发现居民家庭问题，尤其是儿童保护问题的能力。

"其实我们这边的人，因为有些是外地人，他对我们社区没什么概

念，他知道我可以到你这来办个证，不像以前村里面家里有什么婆媳矛盾，我们去调解，互相都认识。除了以前的熟人社区外，安置房社区也是一样的，亲眷可能都住在一条巷上，然后遇到纠纷就能去找谁评理。但是我们这没有这种熟人关系，所以可能就是这种关起门来，谁也不知道谁的情况。"（社区工作人员 B）

此外，流动人口比较多的社区也存在发现困境儿童的困难。一方面，流动人口流动性强，社区工作人员很难准确掌握流动儿童动态资讯；另一方面，当前政府体系福利资源分配还普遍遵循属地管理原则，大多覆盖本地户籍儿童，而未将流动儿童完全纳入救助范围，这也降低了社区收集流动儿童信息的动力。但流动儿童往往正处于困境当中并面临更高的虐待风险，需要更多关注。当前属地管理导致他们容易被社区服务排除在外的现象值得反思。

"因为流动人口的流动性太大，有时候他们来的时间跟走的时间我们都不明确……如何发现困境儿童蛮难的。像有时候孩子在我们这边待几个月，之后爸妈去别的城市打工了，孩子可能就跟着爸妈走了，这是一个难题。"（街道妇联 U）

无可置疑，社区的职能定位决定了它能够成为发现受虐儿童的重要平台。但如上所述，社区在发现目标对象上也存在局限，这些对象包括发生在家内的受虐儿童，社区内的流动人口、商品房社区的居民等。因此，做好儿童保护前端的发现工作，在加强社区建设的前提下，也需要积极发展其他发现管道。

二、强制报告落实不力，其他发现渠道未充分发挥作用

学校构成儿童学习和生活的核心场域。对于社区监管机制难以发现的事件，最可能的识别途径在于依托学校教职人员。事实上，X 市检察机关牵头制定的强制报告制度对学校发现遭受虐待儿童后进行报告提出了明确的强制

性规定。然而，访谈中两所学校负责人对该制度知之甚少。检察机关也表示，虽在制度制定之初对学校寄予厚望，但至 2019 年底未收到任何学校发起的报告，所有报告均来自医疗机构。除医疗和教育系统外，制度涉及的其他单位也几乎未进行过类似案件报告。

> "按照道理其实校园里面应该是有很多这个问题，比如，我们办理的未成年人犯罪案件，出得最多的是一些职校，但是在我们强制报告制度出台以后，对这种异常行为的报告，职校从来没有过。对强制报告制度落实得比较好的是医疗系统，因为医疗系统的规定是比较明确的，你到我这边来就诊，我如果发现你有异常行为的话，我必须要报。"（市检察院 G）

三、保守文化根深蒂固，阻碍家庭问题公开化

那么，这是否意味这类事件本身较为罕见？经访谈内容分析可以看出，这类问题的低发现率与社会文化观念的保守密切相关，而非事件本身的罕有。在中国传统文化规范中，"棍棒出孝子""不打不成材"等观念广为流传，导致缺乏明确的判定标准来区分严厉管教和家庭暴力。在这一背景下，家庭暴力问题仍处于法律和道德的模糊地带，较多情况下自行平息而未进入司法程序。

> "困境儿童问题，实际上如果已经涉及法律、权益等方面，那么检察院和法院会介入得比较多。但是其实有大量的事件还没有暴露出来，还没有上升到那个层面，有很多中间的灰色地带。比如说从我们妇联或者其他角度看起来没问题的家庭，但是其实已经有一定的家暴发生了，这部分是我们现在还没有能力去排查的。"（市妇联 E）

在禁忌文化压制下，家外性侵问题更是隐匿。随着社会文化慢慢地转变，近年来发生在几年前的部分案件才逐渐得到曝光。

"其实这些被害人大多不是现场报案的。中国人比较有羞耻感，发生这种事情觉得很丢人，不愿意声张。有一部分案件已经是很久以前发生的，现在才报案。"（区检察院 J）

"我们很多的时候事情都已经发生了很久才接到报告，有一些证据灭失了。包括前段时间我们曾经接过一个电话，那个报案人反映，她的小孩在多少年以前，交给一对老夫妻白天看护，怀疑有性侵发生。是妈妈打电话过来的，我们当时建议她报案，但是因为事情已经过去比较久了，不一定能够发现得了（证据）。"（市妇联 E）

四、制度建设有待完善，未能发挥引导示范作用

事实上，许多受访者认为，随着相关制度的不断完善，这一现象将发生改变。以妇女遭受暴力为例，过去此类事件较少进入司法和救助等正式系统。现今随着制度建设和引导的推进，发现的妇女受暴案例日益增多。家庭暴力制度体系的建立，通过权威方式明确规范处置流程，并在实践中树立典型案例，以消除人们报案的后顾之忧。

"这里面是一个互相促进的过程，就是机制越完善就越会发现更多案件。然后发现了更多案件以后，你在逐个处置的过程当中，就能把机制进一步地进行健全和完善。你越不做事，越没有提升。"（区妇联 N）

总体而言，当前发现机制存在的问题可能导致以下结果：需要预防服务的案主较易被发现，而遭受虐待的案主则发现困难；在公共场所发生的个案较易被发现，在私密场域如家庭发生的事件则较难被发现；主动求助的案主可以获得良好服务，但如年幼儿童等无法主动求助者则较难纳入服务体系；本地户籍儿童较易被发现，而非本地户籍的流动儿童的发现较困难。随着社会文化规范的变迁和制度的进一步完善，这些问题有望逐步显露并获得解决。

第三节　受理机制层面的困境

一、没有明确的受理部门，多部门受理会增加报案和接案复杂度

（一）对报案方而言

如上所述，X市儿童保护受理机制的特点是多部门受理。实际上，X市的多部门受理，是研究者根据访谈内容做出的分析结果，并不是政府对外宣称的特色或者广为人知的模式。在普通居民的认知中，多部门受理等于找哪个部门都可能最终得到解决，但没有一个明确的受理部门。这种复杂的情况可能会增加报案的复杂度。

> "但是像性侵害这个问题，我跟小李（一位社会组织负责人）讲，我说你不是做女童保护的课堂宣讲嘛，你上课的时候如果有孩子回馈遭受过这方面的侵害，你怎么办？她突然也很懵，不知怎么办才合适。其实这种事，最好有一个专门的机构受理，然后就可以纳入我们的流程中来。就像现在信访制度，是有一个视窗，无论哪里来访都有人受理，受理完了该怎么处理就怎么处理，就这样按照流程走。现在这个受理机制都没有，你做起来就很难。"（区妇联N）

（二）对受理方而言

没有一个明确的受理部门意味着政府没有在政策上给予受理部门合理性并配套相关所需资源，比如人力、物力、财力、培训等。在多部门受理的情形下，资源是分散在各个部门的，无法统筹集中；而各个部门有时又会因重复受理而浪费资源。受资源配置的影响，各个受理部门其帮扶能力有时也很有限，通常他们只有能力做好自己擅长的或者传统职能范围内的事情，不一定会结合服务对象最现实的需求，也不一定能够全面解决服务对象的问题。

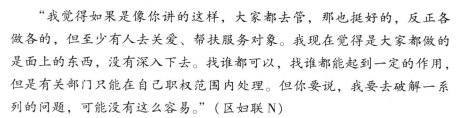

"我觉得如果是像你讲的这样，大家都去管，那也挺好的，反正各做各的，但至少有人去关爱、帮扶服务对象。我现在觉得是大家都做的是面上的东西，没有深入下去。找谁都可以，找谁都能起到一定的作用，但是有关部门只能在自己职权范围内处理。但你要说，我要去破解一系列的问题，可能没有这么容易。"（区妇联 N）

二、没有儿童虐待的明确认定标准，多部门受理会导致多部门责任不清

多部门受理的优势是总能找到一个受理的部门，但这也正是多部门受理的劣势，即各个部门在力不从心时，容易在受理上出现纠葛，特别是公安部门和妇联这两个与儿童权益最相关的部门。由于公安部门将主要精力集中于破解大案、要案，加之平时工作负荷重，因此，公安部门在受理儿童虐待事件时，经常将其转交给妇联办理；而妇联，因自身缺乏行政职权和威信，在受理儿童虐待事件时，又希望公安部门可以发挥更多作用。

（一）公安认为不重要的事件找妇联

"他们（派出所）精力放在了大案、要案上，还有日常的琐碎的安保工作，很多事儿，我也理解。因为我们有时候跟派出所的也会聊，看他们是挺忙的，经常三天一个班，因为派出所案件也比较多，可能精力有些不够，就觉得小事情你就找妇联。这个现象不光是我们这边存在，我们有时候跟邻近的其他的街道聊，感觉公安往往会把这些家庭纠纷类的事情全部给我们（妇联）这边。"（街道妇联 U）

这就不难理解，在 X 市的一个儿童保护案例中，公安在接到路人报警之后，为什么没有先行处置，而是将孩子直接送到妇联。

（二）妇联则希望公安能协同介入

"说实话，（受虐）儿童我们没接触过，拿妇女来类比吧。像我们有

时候处理家暴案件，他们说你去找妇联，但是其实不光是妇联一个部门的事情。因为之前你遭受暴力之后，你要出警记录什么的，要报警，派出所要介入的，有时候他们要派出所出具告诫书，往往派出所对这方面很谨慎。但是我们确实很需要派出所介入，因为你说，我们靠一个女工作人员单打独斗行吗？首先就是没执法权，你还想调解？他对你拍个桌子就把我们给镇住了。"（街道妇联 U）

以上，妇联以妇女遭受家暴的处遇为例，说明了妇联在处理暴力案件时因组织性质上缺乏执法权和工作人员多数为女性而遭受的限制。

实际上，派出所和妇联在受理上是有分工的。派出所主要负责触及法律底线的案件（如在家庭暴力中依据情节严重程度对施暴者出具告诫书、实施治安处罚和立案侦查等），而妇联受理的更多是没有上升到法律层面的矛盾纠纷，常常以柔性的家庭矛盾调解员或者妇女儿童关爱者的身份出场。问题在于，当前的政策规定并不细致，即，儿童虐待没有一个具体的评估分类标准。在这种情况下，受理部门难以判定通报上来的事件是涉法的儿童虐待案件，还是类似严厉管教等法律范围之外的事件。这种模糊地带的存在给予一线受理人员较多自由裁量权。上文中提到的警察开具告诫书和法院批准人身保护令就是一个很好的例证。

第四节　处遇机制层面的困境

一、政府相关部门处遇能力不足，难以有效落实职责

各地陆续出台了与儿童保护相关的政策与规定，对各个相关部门的工作提出了很多新的要求。然而，在实际中，面对受虐儿童的问题，各个单位大多是依靠原有的工作人员、原有的资源条件，在原有的职能范围内发挥作用。于 X 市而言，在没有更多配套资源进来的情况下，当前儿童保护在实施中最大的困境在于各个相关单位的处遇能力不足。这主要表现在人力不足、硬体

设施不足，以及专业能力不足三个方面。

（一）人力资源普遍不足

在访谈中，与儿童保护相关的政府部门皆表示，在现有的人力下，原有的这部分行政工作已经使他们难以应付，如果要做好儿童保护工作则更加心力交瘁。因此，人力与精力不足是与儿保相关的政府部门普遍面临的情况。这可能导致两种情况。

第一，人力不足影响儿童保护工作的落实，以及落实的程度。如下文中的检察院所述，有些工作由于没有现实的人力操作基础，只能"走走形式"。

> "检察院相较于公安和法院扮演一个枢纽的角色，有的案件我们会根据各种情况，决定'附条件不起诉'，这个时间是 6 个月到一年半。这个期间，如果犯罪嫌疑人表现良好，配合各方履行协议，是可以不起诉的。但这个期间，是很需要社会组织介入的。我们检察院不可能有那么大的能量去保证这个孩子或者孩子家长能够履行协议；也没有人力、精力在这个期间为他们提供服务，让他们有所改善。检察院未检科只有几个人，一年那么多案子，我们也没有那个专业性。说实在的，我们就这几个人，办案已经心力交瘁了。所以说，让我们来做这块工作是不现实的。在这种情况下，很多事情其实也是没有办法做好，甚至只能走走形式。"（区检察院 J）

第二，相关部门很难提供具体的服务。针对有服务需求的儿童及家庭，最现实的做法和可能的策略是交由社会组织承担。如下文中的社区，虽然社区是与服务对象距离最近的"大管家"，但受制于人力限制，仍旧没有办法亲自开展服务工作，依旧要依赖社会组织。

> "像社区应该比较忙，人力和精力可能也不够。现在社区虽然说是基层群众性自治组织，但我们政府的好多职能都下放到他们那去，他们真的是很忙。最近我们 X 市整个安全检查，最终压实的任务就增加到基

层。有的时候有一些社区里面社工晚上还在走访入户，如检查群租房。如果要让社区自己做（儿童保护）的话，有的社区虽然自己承接，但是他还是要依托社会组织。主要还是心有余力不足，人力、精力这块顾不过来。"（街道民政 Q）

（二）硬件设施建设不到位

除了人力之外，保障儿童保护工作顺利进行的硬件设施也有待健全。于受虐儿童而言，最主要的两个场所为临时安置和长久安置机构。以临时安置机构为例，X 市在政策中将救助站作为临时安置场所。然而，实际中，救助站长期主要为流浪乞讨儿童提供临时安置，不仅条件简陋，且充满管束色彩。儿保的相关部门，如妇联，并不认为救助站能够为受虐儿童提供良好的居住环境与专业服务。截至 2019 年底，救助站还未曾有为此类儿童提供临时安置的经历。

"救助站没有人去的，第一个它很远，不方便。另外一个，它安置被救助者的条件也很高。其实它说它也怕人去，我不知道它接收条件搞那么高干嘛。我看也有一些地方的做法是，由我们妇联对接一个酒店，或者就近找一个酒店，或者某个街道对接这个街道范围的酒店。然后告诉求助者，你可以住到里面去，你可以住几天。然后，因为这里面还要有很细致的规定，如费用谁来支付，被救助者的个人资讯如何保密，如何防范那个加害者过来，但我们都还没有。"（区妇联 N）

（三）专业服务水准有待提升

相关部门原有的人力不仅在工作量上不足以应对新的工作要求，而且在专业性上也难以胜任，这种情况在不同部门中有不同表现。比如，有的岗位，如妇联，她们在面向儿童的服务中积极主动，很有工作热情，但是专业性上面还有待提高。

"我觉得妇联干部们还是很敬业的，她们承受很多的压力，工作量很大；涉及家庭、儿童的工作，她们都在做，所以还是很敬业的，但是我觉得专业性上面还要再培训。"（区妇联 N）

有的岗位，如法院、检察院，他们在工作中必须要与受虐儿童直接接触，但是很少接受过相关方面的专业培训。

"我们对于儿童权益的一般性原则和概念还是比较清楚的，但是具体的方式方法，如何与儿童交流，怎样更专业还是不清楚的……法院体系没有关于与儿童接触这方面的专业培训，只有法律知识学习，但是如果要培训，从上到下那得增加多少工作量？这是不现实的。"（区法院 L）

有的岗位，虽然也与儿童福利相关，但是儿保体制还不具备要求他们从事专业性服务的条件。比如民政部门，随着社会福利政策对儿童等弱势群体由物质救助补助向专业服务转变，相应的，对民政部门工作人员的专业性提出了更高的要求和期待。最明显的例子是，近几年，民政系统的工作人员广泛考取了社会工作资格证书。然而，在这个转化阶段，民政工作人员虽然考取了专业资格证书，但从事的仍旧是基础的行政工作。他们是名义上的专业人员，但因没机会锻炼，而在专业性上受到质疑。

"很多社工是按照他的岗位职责来分工，比如说他分管民政工作，这些困境儿童就是他的业务范围。但是他自己更多的还是在用行政的手段在做一些资讯统计、协调工作。他们虽然也是有证书的，是国家认可的，比如社工初级、中级，但是他们依然没有办法在基层针对个体来做一些个案。我们还缺少非常专业的儿童社工来做这样的事情。"（市妇联 F）

二、社会组织发育不成熟，难以承担协助之重任

面对儿童保护工作，在人力不足、专业欠缺的情况下，相关部门将相关任务或指标的达成寄希望于社会组织，并在实践中，已经或者希望通过类似服务购买的方式，借助社会组织的人力和专业优势来履行职责。在访谈中几乎所有的部门都对专业的社会组织参与儿童保护工作提出了期待。然而，虽然如此，社会组织也存在自身的困境，社会组织并没有足够的体量和能力来承担起这部分工作。

（一）社会组织发展不充分

没有足够多有胜任力的社会组织来满足相关部门购买专业服务的需求，是 X 市在儿童保护工作中存在的主要困境之一。曾有过向社会组织购买服务经验的有关部门表示，虽然近几年政府在大力发展社会组织，仍旧很难找到比较成熟的社会组织来承接儿童保护的服务性工作。比如，团委在向社会组织购买青少年专业服务时，感受到还没有成熟的社会组织能够承接。

"X 市是比较早的青少年权益维护的试点城市，我们以前是探索做个案的，但后来发现个案成效是没有小组和社区好的。但是，现在能把小组和社区做得特别好社会组织，也没有。就是 X 市没有成熟的社会组织敢来承接这样一个政府购买服务。"（团市委 D）

又如，承担发展社会组织职责的民政部门感慨，虽然近几年一直在大力孵化社会组织，但是仍旧没有培养起几家有足够能力的社会组织来回应市场需求。

"总体而言，社会组织还是做了很多工作，但是服务成效我们很难评估。主要原因是我们实在找不到合适的专业的机构来做给我们这里的社会组织做评估。因为这两家社会组织在我们这已经算是最好的了。我

们自己清楚，如果我们民政来给他们做评估是不合适的，我们不专业，对社会组织来说也不公平。区里面花了很多年来培育社会组织，到头来，也没有发展出来几家。实际上，这块的业务是很需要社会组织的，他们的市场很大，但就是没有合格的社会组织能够承接下来。"（区民政 H）

再如，研究者在分享我国台湾地区行政主管部门与社会工作机构合作的经验后，妇联表示在大陆不可行，因为大陆很难找专精儿童服务的社工机构。

"其实目前的社工我们接触下来，我觉得这个方案真的不行，我们找不到专门的儿童社会工作机构。"（区妇联 N）

（二）社会组织专业性不足

社会组织不仅无法在数量上满足政府需求，在服务中的专业表现也受到质疑。例如，与社会组织密切接触的社区工作人员认为，社会组织似乎还处在探索组织发展定位和积累实务经验的阶段，在这个阶段还很难做到较好的专业性。

"可能也跟社会组织的专业性有关，因为我们这边的社会组织是近几年才开始发展的，可能没有其他大城市的社会组织起步快，还有专业程度还没有达到那种较高的层次。"（街道妇联 U）

另外，由于多数政府购买服务都不具有稳定的长期机制，在生存压力下，社会组织不得不在"购买市场"中随波逐流，因而，难以在某一特定服务领域学习专业知识与积累专业经验。对此，一位社区工作者有很形象地描述。

"还有就是，我们现在社会上是缺少做社会工作的人。像有一些这样的社会组织，他们可能在专业性上是存疑的，很多都是半路出家的，他也不一定就那么懂一些专业性的技术，只能说是在摸索着做，所以真正地依靠社会组织，现阶段还不完善。还有就是社会组织也不是只

专门发展一个方面，现在政府在党建方面投入的资金大了，社会组织就主要做党建了。"（社区工作人员C）

我国的社会组织在过去相当长一段时间内处于缓慢发展的状态。2006年以后，随着创新社会治理模式等理念的提出，和政府向社会组织转移社会服务的需求的拉动，社会组织才获得快速发展。X市自2012年通过公益彩票基金实施公益创投项目，以及简化社会组织登记注册程序以来，激发注册了一大批在一线开展专业服务的社会组织。但由于起步晚，政策支持力度不足，仍旧处于初步的发展阶段。因此，在政府无法亲力亲为的情况下，与社会组织合作开展服务，是一个美好的愿景，但这个愿景的实现仍旧还有很长的路要走。

（三）社会工作专业还未受到足够的重视

在儿童保护服务中，社会工作一直是其中主要的专业力量。然而，访谈发现，心理咨询师似乎比社会工作者更受到相关部门的关注。在访谈中，相关部门在提及社会组织介入儿童保护时，谈论较多的是短期的心理咨询，而不是长期的社工服务。在他们看来，心理咨询相比社会工作被认为更加专业或专精。而社工比较粗放，没有那么精细，例如，没有分化出专业的儿童社工。以下是一名来自心理咨询机构的心理咨询师对社会工作和心理咨询的描述与看法。

"因为社工机构的心理服务可能更多的时候只是陪你聊聊，关心关心，这就是他们的个案。我们的个案是一对一保密的，这种一对一的专业的心理咨询的个案是不一样的。我们解决了你的心理问题，而不是来关心你，这个是完全不一样的。社工可能更多做的是社会工作，我们做的是心理工作。我们肯定就是来帮你解决一些问题，发现一些问题。我们在课程当中可以呈现怎么去解决问题，更多的还是从心理的角度去发现问题。所以我们现场有很多的体验环节，让他们感受到这个孩子当下是什么感觉，这个老公当下是什么感受，让他们现场直接感受到，就能哭出来。因为你没有感受到，一直都不知道换位思考，你不知道对方是什么样的想法。所以我们可能更多的还是从专业的一个角度来做事情。"（心理咨询师 H）

产生这种现象的原因可能有两点：第一，心理咨询被认为在紧急干预中比社会工作更具有优势。与心理咨询相比，社会工作更多的是承担一般性的困境儿童的长期社会服务项目，而非紧急干预，如公检法、妇联等遇到儿童虐待事件后，为其提供支援的专家团都为心理咨询师。特别在当前，儿童保护的概念多停留在出事后的紧急处遇中，前期预防和后期跟踪服务的发展还不足，而这块却是社会工作比较能发挥优势的部分。第二，相比社会工作，心理咨询专业建设和实务发展的时间早，积累经验多，社会认知度和认可度高，已经是一个相对成熟的专业。反观社会工作，如上所述，专业社会工作机构较缺乏，社会工作专业水准有待提高。这使他们还很难展现出专业优势从而充分进入官方的视野。

三、处遇中面临很多有待解决的议题

儿童保护是一项复杂工程，不仅在于其涉猎的部门之多，合作之广，处遇链条之长，还在于儿童保护这项工作本身性质的特殊。第一，儿童保护具有敏感性。因为它面向的对象是儿童，关乎着国家未来公民的素质，因此处遇后果是重要且需要谨慎对待的。第二，儿童保护具有复杂性。因为其中不仅受法律政策的规范，还深深受到一个国家和地区文化价值、道德伦理的影响，有时不得不在情、理、法中做平衡与抉择。第三，儿童保护具有丰富的情境性。因为每一个个案的情况都不相同，都有自己独特的脉络，处遇中需要因人因事而灵活变动。加之，我国面积之广，人口流动之快，地域之间的合作面临更大的需求。这些特点决定了儿童保护工作包罗着丰富的议题。X市的儿童保护处遇中，除了处遇能力受到严重的挑战外，处遇中还面临一些特殊的情境困境。这些困境或议题在访谈中由访谈者主动提及，其原话直接呈现在下文中，以期能够引发更多关注和研究，从而进一步完善法律政策，以及增强实务应对策略。

（一）法律如何因应"两小无猜"困境？

"不过男女同学谈恋爱在初中还是很普遍的。比如，上次一个案子，女孩子谈恋爱，临近考试发现自己怀孕了。一个女孩子，跟一个男孩谈恋爱，谈恋爱嘛，就发生了性关系，还是在自己家里。半夜，打开门，让男孩子进来，早上五六点钟，再悄悄溜出去。本来没事嘛，结果要考试了，发现自己怀孕了。家长生气了，一问才知道是这个情况，于是就报警了。（问：你们是怎么处理的呢?）我们能怎么办？人家是两相情愿，（他们）私下解决了哇。（问：女孩年满 14 周岁了吗?）好像是满了吧，女孩子就是不满，男孩你也拿他没办法，男孩子也不满嘛。所以，法律不是万能的，不一定能够解决问题，还可能产生新的问题。一个女孩子早恋，发生性关系。你说要带走她男朋友，她要跟你拼命的。'你还我男朋友！不还，我从这跳下去，我要捍卫我们至死不渝的爱情！'你能怎么办？孩子之间的爱情是最单纯和纯粹的，没有掺杂任何利益关系。这都是法律的困境。"（警官 V）

（二）父母监护责任的边界在哪？

"其中一个案子是小孩子哭，妈妈把他放在阳台上，自己回房间玩手机了。过了一段时间发现孩子不哭了，没声音了，就过去看看，结果发现孩子已经坠楼了。还有一个案子，阳台前放了一张桌子，桌子前有一个凳子，上了凳子上桌子然后上阳台，正好是一个楼梯状，孩子顺着上去然后掉下去了。我们这个案子花了很多力气来调查，包括封锁事发现场、查验孩子的脚印等。最后，家长一句"确认是坠楼身亡，对死因无异议"就结案了。你说家长是不是应该负有一定的监护责任？但这种案子对家长没有一点儿惩罚。如果发生在学校里，学校早就完了。"（警官 V）

(三) 人口流动下如何实现跨区域合作?

"在我们 X 市，根据我们一年来摸排的情况，如果有被家暴的孩子进来的话，我们基本上能做到跟踪回访。我们肯定会了解家暴这个行为有没有，我们可以跟他父母或者监护人去沟通，后续跟进活动开展。但是家在外地的孩子来了以后（专指独自流动到 X 市的未成年人，他们很多在原来家庭中遭受暴力或虐待），我们没办法去评估、跟踪、回访。联系都有困难，比如说，我们要跟孩子的父母联系一下，这要通过当地的民政部门转到公安部门的，因为他户籍资讯在公安部门，户籍上面都有联系方式。你看，就是这么一个事儿，公安都很难提供，他要你发一个函过来，然后还要找什么部门，都有严格的规定。所以开展这个活动对我们很难，说难听一点真的没办法。所以针对外地的未成年人，我们只能说是流于表面。你说的回归家庭也好，都是大话、空话。" (救助站 C)

第五节 跨部门合作机制层面的困境

儿童保护服务是一个复杂的个案处遇过程，这对不同部门之间的合作提出了要求。儿童保护体系本身就是一个跨部门之间的合作模式。X 市儿童保护的跨部门合作还未达成很好的效果，这不仅体现在主导部门的缺位，也体现在合作机制的不健全。在这样的背景下，部门与部门之间很难有效联动起来。

一、缺乏统筹部门，而导致服务破碎化

如前所述，X 市的儿童保护在实际工作中并没有一个可以起到统筹各部门工作的主导机构。虽然，一些单位和组织被赋予了协调各部门合力履职的职能，如妇联的妇女儿童工作委员会、团市委的未成年人保护委员会、民政

的儿童福利处、检察院的未检科等。但是，也必须看到，他们在体系中都有自己独特的职能定位，在儿童保护体系中的分工也各不相同，如，检察院主要关注司法层面、民政部门主要关注物质帮扶、妇联主要关注心理层面、团委主要关注成长成才。因此，这些单位或组织只能以自身职能为核心发挥一定程度的协调作用，无法做到对儿童保护的全域进行统筹。

"现在是这么一个问题，在未成年人保护这方面，虽然相关部门很多，但是缺少一个引领的部门来做统筹工作。如果现在最高检要求把未成年人保护这个工作做好，希望我们能够在办案中就发现问题并且能起到一定作用，把这个问题给解决掉，那么如果缺少一个统筹部门，我们单方面是做不到的。"（市检察院G）

实际上，面对儿童保护的新形势，各个部门都意识到，一个具有合法身份和实际权能，在儿童工作中能够统筹相关部门的主导部门是必要且重要的。然而这个主导部门由谁来承担存在较大的争议，因为每个部门想要在实际工作中发挥全域的主导作用时，都面临着自身的困境。

（一）检察院

检察院担任主导部门的主要障碍在于其作为司法机关的身份。这表现在两个方面。第一，检察院在儿童保护中处于后端位置，这意味着他的主要职责体现在儿童虐待事件发生后的介入阶段，而在重要的更前端的预防阶段力不从心。第二，儿童保护更多涉及社会行政体系中的社会福利问题，检察院作为司法体系的一部分，其与行政体系不在一个系统内，这增加了沟通协调的难度。由于不是主导机构，检察院在某些工作上发挥主导作用时，常会被其他部门认为是指责自身工作做得不到位，因而有所抵触。在这样的处境中，检察院虽然被最高检察寄希望在儿童保护中发挥更多作用，但在实际工作中很难打开局面。

"有一些影响你要考虑到，因为我们毕竟是检察机关的部门，（儿童保护中）很多权力它是相当于政府的一个职能，我检察院内设部门不可能或者很难去跟他们去协调。当然一般来说，我们有时候发现问题，其实也还是可以（协调），但确实感觉在力量上面还是弱了点。"（市检察院G）

"我们讲落实'一号建议'，我们有的时候往一些部门去送检察建议，很多部门就觉得你这样说明我工作做得不到位。我们的观点是当我们提出检察建议，一方面是希望这些部门更好地履行职责，另一方面我们最根本的目的还是保护未成年人，但他们很多时候就觉得你好像是我的上级在考核，因此工作中会遇到很多问题。"（市检察院G）

（二）民政

实际上，在困境儿童（孤儿、事实孤儿、重残、低收入家庭儿童）服务方面，相关政策已经明确规定，民政就是重要的主导部门。困境儿童服务又与受虐儿童服务有很多重合之处。在这样的情况下，民政承担起儿童保护的主导作用似乎合乎理法。然而，民政在漫长的历史发展中，已经形成了相对固化的思维模式和工作方法。在新时期的儿童保护中想要摆脱以往的单纯发放救助资金的工作思路，与相关部门形成合力提供具体的服务，对当前的民政来说还是一个挑战。例如，在与社会组织的访谈中，他们表示，民政主要工作还是在资金发放，与妇联和团委相比，他们在配合社会组织开展服务性工作上面热情不足。

"我感觉民政可能涉及资金方面的工作比较多，民政的考核指标可能更多的是资金有没有发放到位，然后什么补助有没有发错，什么东西有没有弄好，什么名单有没有弄齐……至于（困境儿童）服务他们不太侧重。反正是团委和妇联来管，因为他们角度不一样，他们很喜欢这种东西，所以蛮愿意去配合你的工作。从民政往下，其实感觉有些街道挺好，愿意配合工作，有些街道觉得你这么给我找事，我为什么要配合你的工作，就是很难沟通的。"（社工E）

民政发挥主导作用的另一个挑战是，民政在平级的行政体系中是一个相对弱势的部门，对其他更强势的部门难以发挥牵头作用。对此，民政的受访者甚至认为，牵头部门应该由民政改到更高级的市委，才能真正实现牵头部门的功能。

> "牵头部门要怎么做呢？因为我们民政局没有这么大的许可权，要把牵头部门重新改掉，放在更高层级的市委来作为牵头部门，才有利于我们下一步开展工作。因为它涉及很多的面，肯定是要从上到下层层下达的事。从市到区（县）、到镇、到村和社区4级联动。它的推动肯定是要有上面的一个保障。所以目前我们虽然有这个想法，但是推动起来非常的困难。"（救助站C）

（三）妇联与团委

妇联对于做牵头部门是有动力和职责的，尤其妇联成立的妇女儿童工作委员会，专司妇女儿童权益受害事件。但是，真正让妇联发挥起牵头的作用，又面临现实的困难，其主要障碍在于妇联是一个在政府体系外的配合部门。妇联在性质上只是一个人民团体，并不是政府部门，不具有政府职能，这决定了妇联参与儿童保护只能是一个配合角色、补充角色。虽然妇联可以通过向政府争取经费开展一些计划，但是政府还是会认为，实质的职能应该会在民政等政府职能部门。因而，妇联在儿童保护体系中是弱势的，其身份地位不足以牵起如民政、司法等政府职能部门。

> "我个人有点心有余而力不足的感觉。我有热情，倒不是说是从什么政绩、工作的角度，是有这种使命，既然我是妇联，我得为妇女儿童做点事情。但是在做的过程当中，就会有各种各样的阻力，也不叫阻力，应该是障碍。有的事我要跟各个部门去沟通，因为妇联它其实像个枢纽一样，负责联系各个部门，但是相对来说比较弱势。你要去联系的时候，人家有的愿意配合你，有的可能就是应付一下，不一定会配合你。"（区妇联N）

"有专项的资金支援也是可以争取的，但是这里面的问题，就是妇联的职能就不一定是牵头、领导。其他部门不一定会认为牵头职能是你妇联的职能，他们认为你只是一个配合的部门，比如说我用妇儿工委的形式，我也只是作为一个协调机构。他们还是更多地认为牵头的职能是在民政，我们妇联只是一个人民团体。政府的话，应该有一个职能部门来牵头。"（区妇联 N）

在组织的性质上，团委的处境与妇联类似，属于人民团体而非政府职能部门，因此也具有与妇联同样的局限。

可见，每个相关部门或组织在发挥牵头作用时都有其各自的局限性。检察院有作为后端司法机关的局限；妇联作为非政府职能部门只能扮演配合角色；民政的老思维还未转变以及身份弱势。在这样的情况下，无论哪个部门都很难充分发挥主导作用，除非法律政策对主导部门作出明确的规定，并在现实环境中赋予其可以主导的权能。

二、缺乏一套合作机制，而导致服务的不连续

不同部门之间的联席会议制度是 X 市儿童保护工作主要的跨部门合作制度。然而，所谓的联席会议制度在现实中的整合效果是值得怀疑的，因为它是一个结构松散的、不具有强制约束力的、非正式的机制。在这种情况下，X 市儿童保护的跨部门合作机制是偶发性的、意愿性的，而非常态化的、强制性的。

（一）在运行上，合作是临时性的而非常态化的

各部门之间的合作并非是一个常态化的机制，而是临时性的。这意味着，往往只有在儿童虐待的个案发生后，有联动的切实需求的时候，各部门才会通过召开联席会议共同商谈部门之间的分工与合作。因此，这种合作是一次性的、个性化的。更多时候，联席会议制度只是一个搭建的方便各个部门通力合作的沟通平台而已。

"这个（指联席会议）应该就是搭建起来的一个工作机制，平时没事应该不会定期开会，大家都比较忙，召集起来不容易。如果出事了，有特殊情况要讨论处理的时候，应该会召集各方开会。目前还没开过会。"（区民政 H）

（二）在权责上，合作是意愿性的而非强制性的

　　由于各个部门都有自己的法定职责，联席会议制度则进一步梳理和明确了各个部门对儿童的职责，但无法规定部门之间明确的相互责任。由于彼此之间没有权责关系，很难要求其他部门配合自己的工作。这就不难理解，检察院让相关部门履职时，这些部门会有检察院在问责的感觉。在这种情况下，各个部门之间的配合程度，更多取决于部门领导对个案的态度和领导之间的私人关系。如，妇联在联动其他部门时主要依赖的就是个人的私人关系和一些本身的职能。

　　"就像我跟法院 S、检察院 M 他们说，我要请你们喝咖啡，我们大家一起坐下来聊一聊，明年我们建一个维权共同体。为什么现在跟法院、检察院配合程度很高，但是跟公安就没有什么接触。因为法院的庭长和检察院的检察官，他们也很想参加联席会议，觉得这个事很有价值，我们平时一接触，大家一拍即合，但是公安那边好像就不知道。所以，现在就完全是凭着我个人这么多年工作积累下来的一些人脉，然后再加上一些职能上的权力，与各部门开展合作。那么这个里边的问题就是有的部门配合，有的部门跟我不熟，就不一定会配合。"（区妇联 N）

（三）在内容上，合作是表面的而非深入的

　　联席会议的搭建主要是为了通过有效的沟通，解决儿童保护工作中跨部门合作的障碍或者问题。然而，由于牵头部门没有实质性权力，部门之间没有相互的权责关系，很难通过联席会议制度对以往个案经验进行总结与反思，对后续工作的开展做出建设性的推动。联席会议有时更像是一个将各个部门负责人召集起来，然后各自汇报工作业绩的会议。由此看来，部门之间的合

作多停留在形式化的表面，缺乏实质性的内容。

　　"说白了，就是牵头部门发挥不了作用。我们其实也是有联席会，每年对未成年人工作的职责也是归类得非常的清晰。牵头部门也只能做到这步，但是真正的深入的工作没有，全部是流于表面形式。"（救助站 C）

　　"大家开联席会议的时候，讲不到核心的东西。比如说民政，他讲，我们今年做了什么工作，如妇女儿童工作等。我又不能去跟他讲，这些事情你为什么不跟着我？不可能是变成这样子的一种交涉。但是如果真正碰到一些核心问题，比如我说我觉得你们民政还可以在这个地方深耕下去，他们可能就不一定会采纳，因为他们上级没有要求，或者我们没有依据。"（区妇联 N）

　　霍华（Horwath）和莫里森（Morrison）在 2007 年发表的《儿童服务的合作、融合和变革：关键问题和关键要素》一文中，将儿童福利机构之间致力于合作的程度（collaborative endeavors）由低而高划分成五层次：（1）沟通（communication）；（2）共同操作（co-operation）；（3）正式化逐渐增加的共同协调（co-ordination）；（4）联合（coalition）；（5）整合（integration）。根据此合作程度的分类，本书中儿童保护服务体系中各部门之间的合作应属于合作层次最低之"沟通"与"共同操作"。联席会议制度的出现，体现出有迈向"正式化逐渐增加的共同协调"的趋势，然而仍存在很多不足。

　　在跨部门的合作中，没有一个明确的主导部门来牵头统筹，在实际工作中又缺乏有效的合作机制，导致资讯无法在各个部门之间共用和流通，加大了沟通和协调的难度。在这种情况下，儿童保护服务呈现吉尔伯特与特雷尔（2008）所谓的破碎化（fragmentation）和不连续（discontinuity）状态。一方面，在职责差异化的多部门中没有明确的牵头部门，服务是破碎在不同的职能部门中。这意味着个案的需求无法得到统筹，每个个案都要根据不同的需求，分次去寻找不同职能部门。另一方面，由于各部门之间没有成熟的合作机制，个案服务在从接案到结案的流程上是不连续的。即，每个服务环节都要上个环节的服务部门来决定未来如何处遇，并对接相关部门或资源，而不是依循一套标准化处遇流程。

总之，面对各个部门都在自己职责范围内各自作战的现实，还没有一个部门能够发挥全域的统筹作用联动起这些部门，将资源和服务实现有效的联合（coalition）和整合（integration），形成一套常态化的个案服务模式。

第六节　本章研究小结

总而言之，儿童保护服务体系的工作能力运作上，在各个环节都面临不同的困境。多管道发现机制中，还是有很多特殊对象发现不了；多部门受理的受理机制下，受理部门各有难处；多部门处遇的处遇机制中，各个处遇单位能力皆不足；以及现有多部门之间的合作机制，依旧面临破碎化和不连续的问题。

第七章

研究结论、建议、限制

第一节 研究结论

伴随着儿童遭受侵害事件的不断发生，政府开始愈发重视儿童保护工作，相关的政策和实务不断往前推进。本书关注的问题是，在多部门共同参与的儿童保护服务体系之下，相关部门各自的职能和角色分别是什么？各部门的功能在实际的运作中是如何呈现的？现有的儿童保护服务体系还存在什么困境？为回答这三个问题，本书运用质性研究方法，透过立意取样，选取了位于东部沿海的 X 市的市级、区级、街道级的，囊括民政、妇联、团委、检察院、法院、派出所等单位的负责人或工作人员，以及学校、社区、社会组织的代表共 35 人进行半结构式的访谈，在对访谈资料进行系统分析后，得出的研究结论如下。

一、相关部门的职能与角色情况

总结而言，儿童受虐问题日益受到重视，儿童保护逐渐成为一个完整的工作体系。在这个正在形成的还不成熟的松散体系中，各个职能部门基于以往的工作传统和新的职能要求，在当前阶段呈现出以下特点。

第一，从部门的组成来看，儿童保护服务体系由来自不同性质的多部门共同参与构成。这些部门的性质大致可分为政府行政系统、司法系统、群团组织、社会组织四大类。政府行政体系中包括民政、公安、卫生、教育、社区；司法系统主要是检察院和法院；群团组织则主要有具有官方背景的妇联和团委；社会组织则为多元化的民办社会组织。

纵观世界各地的儿童保护工作，我国的儿童保护服务体系在部门组成上也是相似的。儿童保护工作因其具有法律强制约束力，世界各地的儿童保护工作不管是"儿童保护模式"还是"家庭服务模式"，都是在政府公权力的介入下执行，大多都由独立的部门来统筹，并需要司法、民政、教育、卫生等相关部门的参与和配合。同时，在福利多元主义和民营化的思潮下，各地政府积极鼓励民间团体在政府的主导下依照规范参与儿童保护工作。我国儿童保护的参与部门同样体现出这种特点和趋势，不同专业的部门都积极行动起来，且社会组织作为一支重要的力量也参与进来。

第二，并非所有组织都能同等程度参与。上述这些部门在不同程度以及不同层面参与了儿童保护服务工作。这些部门或多或少都涉及儿童保护的职能，其中民政、检察院、妇联、社会组织相较其他部门有更多的参与。

英国的情况是，社会工作者、警察和儿科医生通常构成第一"核心"层（Hallet，1995）。我国的儿童保护体系，专业社会工作因发育不良而参与程度不够；另外，由于案件量少，公安和卫生部门的重要性还没有得到很好的体现。参与程度较多的民政、检察院、妇联和社会组织，主要是因为儿童保护处于自我探索的构建阶段，这些部门的反应最为迅速。具体而言，检察院的"一号检察建议"要求检察机关在传统的执法之外更要在前期预防中发挥更多作用；最新出台的政策要求民政部门在传统的资金救助之余也要在社会服务中承担更多职能；妇联本身就定位在妇女儿童群体上，并一直有维护儿童合法权益的职能；社会组织则因其专业和人力优势发挥协力各部门的作用。总之，这些参与程度多的部门，其原因要么是新出台的儿童保护相关政策对这些部门的职能提出了新要求；要么是这些部门原本的职能中涉及与儿童福祉相关的内容，因此也必须参与到儿童保护的体系中。

第三，这些部门关于儿童保护的职能，既独立又有交集。显而易见，每个部门对儿童的关注面向稍有差异，工作的侧重点不同。如团委关注的是

"少先队"中的儿童，以思想引领为重点；妇联关注的是"家庭中"的儿童，以心理成长为重点；学校关注的是"围墙内"的儿童，以学业发展为重点；司法机关关注的是遭受不法侵害的儿童，以维护儿童合法权益为重点，等等。虽然部门之间的职能各不相同，但在某些方面却存在交集。例如，几乎每个部门都可以在儿童保护的预防层面发挥职能，也各自都有经费来购买社会工作的相关服务或者直接为经济困难的服务对象提供救助。

虽然多部门已经在儿童保护中积极行动了起来，但其职能还不够清楚，甚至出现一些重叠现象。其中缘由可能是，一方面，儿童保护的政策体系还不健全，相关规定还不够细致，各部门只能根据所谓的"政策精神"在具体行动中自行探索。另一方面，儿童保护工作主要集中在预防性的"家庭服务"部分，而这是相关部门原本就比较熟悉的领域，从这部分开展工作参与儿童保护对他们来说比较容易。

第四，从部门的角色上看，各部门在儿童保护体系中对自身的角色定位和认同不够清晰和稳定。各部门角色的认同在受到制度化影响的同时，也受到动态情境因素的影响，导致角色期望、身份和行为的等效波动（Sluss, Van Dick & Thompson, 2011）。

角色清晰度指的是一个人是否对围绕他或她的工作角色的期望有确定性（Bush & Busch, 1981; Kahn et al., 1964）。相反，角色模糊是指一个人对预期行为和态度的不确定性程度（Kahn et al., 1964）。由于还没有形成一个完善的、明确的儿童保护服务体系，因此各个部门在其中的角色定位也是模糊的。换言之，各个部门只能根据部门性质、现有的职能、相关政策的规定、现有的资源来评估和推断自己在儿童保护体系中的角色。而这些角色不全然是能够完全落实下去的实然角色，也混杂了当前政策的要求和期待，不少具有应然的意味。这样的结果是，一些部门在儿童保护中具有类似或者可替代的角色，例如，团委、妇联在儿童保护网络中都可以扮演协调者角色，包括检察院也在积极联动相关部门。无论如何，各个部门都处在探索的阶段。

二、儿童保护服务体系的功能运作现状

第一，在服务流程上，X市的儿童保护，在发现机制上呈现出多渠道发现、在受理机制上呈现多部门受理、在处遇中呈现多方提供处遇的特点。具体而言，发现的管道很多，它们各有优势，相互补充；在受理时，受理部门不止一个，部门可根据案件的情况，相互转介案主，同时案主在报案时对受理部门可以有更多选择；受理之后的处遇过程中，多部门坐下来一同商讨方案，针对案主的不同需求，各自发挥自身优势。

现阶段X市的做法体现了一种"多方联动共进"的服务流程，是一种"多头保护模式"。首先，"多方"是指在儿童保护中不是一个部门在负责，而是多个部门各自主导，而且这种主导是一种多头平等的参与，并不存在固定的谁为主谁为辅，而是多头都有可能为主或者为辅的情形。其次，"联动"是指这些部门在工作中彼此联系互通。这意味着，在每一个环节上，不是一个部门单打独斗，而是主导的部门联动起其他相关部门，共同参与。最后，"共进"是指这些部门在整个流程中几乎不会退出，一直在同步跟进，这也体现了各部门分工不明确的特点。

实际上，世界大部分国家和地区的儿童保护体系皆是由多部门参与完成的，所不同的是，其功能运作一般由一个主要的部门或者一个主要的角色在统筹负责，其他部门是参与配合的角色，且运作过程中各个部门都有明确分工。因此，对照而言，在我们现有"多方联动共进"的服务流程中，各部门间的关系，以及各部门的参与方式都有所差异，体现了一种"多头保护的模式"。

这种"多方联动共进"的服务模式似乎距离钱伯斯（1993）总结的"集中服务输送系统"比较远。因为，在集中的组织中，权力结构是清楚的。组织结构类似锥体，权力从顶峰的最高权力机构，层层授予组织中较低级别部门，它表明了谁对谁负责，各自的责任是什么，以及一个部门与另一个部门之间的区别如何（Chambers，1993）。现有模式中的这种权力组织结构还不够清晰，还处在各个部门分头探索，有必要时彼此合作的阶段。

从另一个角度来说，现有的这种模式更像是以个案为中心管理的"反向层级结构"服务输送系统，以及联合服务输送组织。与"集中服务输送系统"相反，管理者在这种类型组织中的主要任务不再是控制和监督服务提供者，而是帮助那些最直接接触的有需要的人。现有的这种分散化的组织形式，其好处是其与案主的距离非常近，对案主的需求能够以自身资源为基础，更加灵活地给予满足。在进一步的结构化发展中，如何保持这种优势是一个重要的方面。

　　第二，在合作上，不同性质的"虚体联合组织"（指的是由各个部门组成的未成年人保护委员会、妇女儿童工作委员会）和"实体职能部门"（指的是民政部门、检察院）发挥着统筹作用。他们通过内部规定的"联席会议的形式"的方式进行组织协调。

　　这体现出一种"松耦合系统"的服务输送模式。一般来说，松耦合系统（loosely coupled system）被定义为一组分散的、独立的、不协调的组织，组织之间随时会互动，但缺乏正式的联系。相反，紧密耦合系统（tightly coupled system）包括集中的、相互依赖的组织，共同形成一个协调或协作系统（O'Looney，1993）。在儿童保护服务体系中，所谓的统筹部门，只是依据各部门协商的政策性的规定，未得到法律的认定，不具有强制效力，也因此在统筹中缺乏权威。同时，在跨组织的合作中，"联席会议"是一种非强制性的、非定期的、自愿的、偶发的协作形式。因此，没有法律授权的统筹部门与非正式的合作形式使组织之间处于一种松耦合的状态。

　　实际上，松耦合的服务输送并非没有优势，这种松耦合的服务系统在案主的问题难以定义时最适应，因为其特有的灵活性和变动性，可以不断调整方案满足特定客户群体的需求（O'Looney，1993）。相反，紧密耦合的情形比较适合于当问题和技术得到相当好的定义时，因为其可以发挥一体化的优势，更全面、更好地识别需求，提供一系列服务（O'Looney，1993）。服务整合的支持者希望打造一个紧密耦合的系统，利用其优点但避免缺陷（例如，傲慢、僵化和繁文缛节），仍然能够快速灵活地响应客户需求（O'Looney，1993）。我国的儿童保护还处在初步发展阶段，案件量还很少，案主的需求又比较多元，服务的专业性还不足，松耦合是一种必然的状态。随着体系的不断建设完善，如同其他国家和地区成熟的儿童保护体系一样，会越来越往紧密耦合的状态发展。

三、儿童保护服务体系面临的困境

概括而言，儿童保护服务体系面临的困境有以下五个方面。

第一，对于顶层的法律政策，相关法律和政策不健全，影响各部门的角色定位。法律的抽象性和滞后性导致各部门试图承担一些新角色时，缺乏法律依据；政策存在的碎片化、粗略化和形式化等问题，也使各部门被赋予的角色难以充分有效发挥。

第二，对于多渠道发现机制，还是有很多特殊案主无法覆盖。社区是一个非常有帮助的平台，但社区本身也存在局限；新的"强制责任报告制度"被寄予厚望，但存在落实不力的情况。这样的结果是，已经遭受虐待的儿童、发生在家庭等私密场合的受虐儿童、无法主动求助的儿童、非本地户籍的流动儿童等，很难被发现。这些问题可能会随着文化的转变、制度的完善，慢慢暴露出来并得到解决。

第三，对于多部门受理的受理机制，受理部门各有难处。多部门受理也就是没有明确的受理部门，这增加了报案和接案复杂度，影响服务的可及性。特别是妇联和公安这两个部门在没有一个明确受虐评估标准的情况下，只能依靠一线工作人员的自由裁量来决定案件走向。

第四，对于多方联动的处遇机制，各个处遇单位的服务能力皆不足。服务能力的不足主要可归纳为人力不足、硬件设施不足，以及专业能力不足等。对此，各部门都希望通过购买服务与社会组织来分担，但社会组织也存在发展不充分、专业能力欠缺、社会工作专业未受到足够重视等问题。

第五，在"松耦合型"的合作机制中，没有一个明确的主导部门来牵头统筹协调，而联席会议形式的合作机制，又是非常态化、非强制性的。这种情况下，儿童保护服务呈现破碎化和不连续的状态。

总而言之，儿童保护服务体系的工作能力运作上，在各个环节都面临不同的困境。

　　儿童保护服务体系中出现的这些困境，一方面，是发展阶段面临的问题。例如，法律政策的进一步完善细化，"强制责任报告制度"的落实，具体工作细则的制定（特别是接案后儿童风险的评估方案），各单位在处遇中各项能力的提升，社会组织的培育等。这些是当前儿童保护服务体系搭建阶段必然面临的具体问题，其解决也不可能是一蹴而就的。另一方面，这些困境中也包含很多需要讨论的议题，必须经过厘清、讨论、选择后，上升到法律政策层面，再落实到实践层面才能切实推动儿童保护服务体系的完善。这其中，特别要考量的有两点：第一，如何明确服务体系中各单位的角色定位，如主导单位是谁？其他单位如何配合？第二，如何解决服务体系中的破碎化和不连续的问题，如各部门的关系如何在行政上整合？各部门的服务如何在实施中整合？这两点是我国儿童保护服务体系需要讨论的重要议题。

　　在各单位的职能与角色定位方面。在角色的承担上，在法律政策不健全、不明朗的归因背后，可能也体现了各部门权力分配的困境。角色的设定，特别是主导角色的确立，将涉及部门利益和部门之间关系的调整。然而，并不是所有处于合作网络中的组织都拥有相同程度的权力、资源或合法性。因此，一些组织可能比其他单位处于更好的位置，以捍卫和提高他们更广泛的组织目标。例如，更权威的机构（如医疗专业人员）可能会希望组织间合作的条件能够保护和增强他们在网络中的支配地位。反过来，如果不是所有参与的机构都认为自己对网络的运作同样重要，就可能出现配合性弱的问题。弱参与的机构可能对网络活动的目标不太承诺，更容易受到其他议程的影响。无论鼓励网络参与者达成共识的可能性有多大，都很难对这种情况进行立法（Lupton & North，2001）。分析儿保网络中的各个部门可以看到，检察院处于强势地位，但不如民政能够联系起最广大的福利使用者；民政在福利服务提供中身担重任，但在儿保网络中相对地位弱势；妇联虽积极作为，但其社会团体而非政府部门的身份只能发挥协助角色；另外，公安在整个儿保网络中参与意愿不强。在这种情况下，确定主导部门，并促进其他部门积极配合，不是一件容易的事，可能需要更加具有强制力的措施确保实现。

　　在服务体系的功能运作和服务的整合方面。儿童保护是一个多部门参与的服务，而现有儿童保护是依托在原有的分散独立的部门架构上的，在没有创新一套新的体系的情况下，原来各行政单位之间的碎片化将直接反映在儿童保护体系上。所谓政府管理的"碎片化"（fragmented），是指政府部门内部各类业务间分割、一级政府各部门间分割以及各地方政府间分割的状况（谭海波、蔡立辉，2010）。政府部门的碎片化是科层制下的必然结果，存在着政府职责交叉、多头指挥、流程破碎、本位主义、效能低下、无人负责等碎片化弊病（郑杭生、黄家亮，2012）。这也是为什么，学者提倡政府管理从"碎片化政府"到"整体型政府"方向发展（郑杭生、黄家亮，2012）。社会管理的这种问题反映在儿童保护服务方面，则表现为多部门"多驾齐驱"进行保护。这不仅会浪费资源，加大成本，还容易产生责任稀释的问题。因此整合服务，是儿童保护中的一个重要议题。这也是北美的儿童福利组织最近几年大力进行组织变革，以努力提高服务的效率和效力的目的（Auditor General of Ontario，2015；Commission to Promote the Sustainability of Child Welfare，2010；McCrae, Scannapieco, Leake, Potter & Menefee，2014）。

第二节　研 究 建 议

毋庸置疑，各个部门已经开始积极地行动起来了，儿童保护的各项工作正在快速地向前推进之中，也取得了不少的成绩。事实上，相较我国的很多其他地区，X 市的儿童保护工作在诸多方面已经领先，其服务的经验也受到多方的肯定，并为诸多其他地区所借鉴。但同样需要看到的是，在现有多部门共同参与的儿童保护服务体系之下，各项儿童保护工作还有诸多不尽如人意之处，还存在不少的漏洞和缺陷。这些方面都需要积极正视，并不断予以改进和提升，以更好地促进儿童保护体系的完善，进而惠泽更多需要保护的儿童。结合上文的分析，本书提出以下几点研究的建议。

一、法律政策的完善与落实

我国现有儿童保护实践中出现的诸多困难，从根本上说是因为与之相关的各项法律与政策的不尽完善。因此，最重要的是要健全法律与政策体系，完善顶层的制度设计。

（一）完善与更新法律体系，提供实践依据

我国在儿童保护工作是有法律支持的，无论是《中华人民共和国未成年人保护法》，抑或是其他相关的法律，皆有诸多的相关条文，一再强调要保护儿童的合法权益。但是，这些相关法律存在重宣示性宣导而轻操作化陈述的特点，且更新缓慢，不能满足日益发展的儿童保护工作的需求。这样的结果是，相关部门面对新时期的儿童保护工作时，在权责划分等方面依据不足，角色模糊不清。尤其是法律到了各基层地方时，往往出现无法很好地予以操作和执行，或者不知道该由谁执行，不知如何获得开展儿童保护所需的各项人力、财力等配套性支持等问题。这就出现了在执行时没有依据、在要资源时没有说服力、在工作履行时没有强制力等诸多现实的困境。这些问题困扰着各个相关的部门，限制了他们的能动性作用的积极发挥。他们拿不到可以直接去开展各项工作的"尚方宝剑"，也无法实现各部门之间各项保护力量的有机整合。总的来说，顶层的法律的不完善和缺失，是基层儿童保护面临诸多实践困境的重要原因。

要想各项儿童保护工作取得根本性的突破，最核心的是要尽早地修改完善相关的法律条文。一方面，法律实现从宣导性宣誓转向实践性操作引领，从模糊化表述转向清晰化要求的转变；另一方面，回应儿童保护最新的发展需要，修订与补充相关法律。让法律从根本上为儿童保护的各项工作导引出一条明路，成为儿童保护实务最坚实的领航者。

（二）丰富与落地政策体系，提供实务指引

需要指出的是，有了法律的保驾护航与目标引领，也要有相关的各项儿

童保护政策的配套出台与切实实施。我国的地域面积之广,人口之多,社会又正好处于剧烈的流动与变迁之中,不同区域的经济、环境,政府的治理能力,社会力量的发育程度等都各不相同。各地更需要紧密联系自己的实际情况,出台更加具体化的操作办法,如此才能真正地将法律的精神、儿童保护的根本目标落到实处。

儿童保护是一个全面而庞大的体系,涉及发现、受理、处遇、合作等若干环节。而政策建设还处在起步阶段,不仅存在政策破碎不完善,也存在内容规定不够精细的现象。对此,一方面,应补充现有政策的缺位,不断丰富与完善政策体系;另一方面,在政策实施中遇到的模糊点,应不断研拟解决方案,出台具体操作标准。由此,为儿童保护工作编织一张全面的、具体的政策网络。

诚然,再好的法律和制度,如果没有得到很好的落实和执行,那就是锁在柜子里、停留在纸上的文件,而无法予以有效实施。例如,X市2016年出台的"强制责任报告制度"在制定和下发之后,并未得到普遍的宣传和强有力的执行,以至于诸多与之密切相关的部门和单位,如基层社区和各级学校里的工作人员并不知晓其具体的内容,甚至闻所未闻。因此,各项配套政策、措施的精细出台,强有力的宣传,实际化的执行检查,需要得到进一步的完善。

二、服务流程的梳理与培力

(一) 对于发现机制

发现机制是儿童保护体系的最前端,关乎受虐儿童能否被及时发现并得到救助。而这与儿童侵害发现和举报机制是否完善,以及大众对儿童虐待的观念认知是否恰当有关。因此,政府可以通过完善与落实责任通报和一般通报制度,以构建全面覆盖的全社会参与的通报机制。

1. 健全与落实儿童保护多管道通报机制。

如前文所分析,社区作为一个居民讯息收集管道,在发现受侵害的儿童方面有很多优势,但社区不是万能的,社区作为发现机制也存在一定的限制。

社区的这些不足需要其他发现管道来补充，特别是学校、医疗、社会福利等与儿童密切接触的单位的通报，以及社会大众的发现与报警。对此，一方面，要进一步加强对"强制责任报告制度"的落实，如对各责任单位开展责任通报培训，增强责任人对儿童虐待事件的敏感性，提高责任通报的能力；另一方面，积极向大众宣传通报的途径和流程，增强主动通报的意识和能力。

2. 改变对儿童虐待错误的认知和过时的观念。

受到侵害的儿童（尤其发生在家内）不能得到及时发现与干预的另一个原因是，从政府官员到社会大众普遍存在着"儿童虐待问题不严重"以及"外人不好管"的认知与观念。在当前时代，这些认知与观念需要不断予以推动转变。

第一，改变"儿童虐待问题不严重"的错误认知。由于多年来实施的计划生育政策，我国在很多地区多年来严格实行了"一胎化"政策，于是大部分孩子是独生子女。导致家长对儿童的过度关心与关爱，甚至过度的宠爱和溺爱，儿童成了"小皇帝"的情况普遍存在。也因此，很多民众，以及不少相关单位的工作人员皆认为，现在"孩子都宝贝得不得了，哪还有什么人去侵害儿童、虐待儿童"。在这样的观念之下，不少人和一些相关部门的工作人员，在有意或是无意的情境中轻忽了儿童保护的相关议题，或者没有从更广的社会层面看待儿童保护的问题，因此也没有强力度的儿童保护行动的实施。因此，在新时期的儿童保护工作之中，不可轻忽了宣导儿童保护工作的重要性，要逐步改变现在"没有多少儿童在遭受侵害"的迷思，从意识层面重新形朔此项工作的重要性。

第二，摒弃"法不入家门"的过时观念。由于深受传统文化观念的影响，在现有社会环境中，"法不入家门"的观念依然具有很大的市场。由于这个观念的普遍存在，一方面，遭受侵害的家庭成员往往默默地忍受侵害，而不会主动地向外求助，进而遭受了更进一步的侵害；另一方面，对于相关的部门来说，一些时候也会以"法不入家门"为合理化借口，尽量避免触碰家内侵害事件。而一般的民众在目睹这类事件时，也容易在"法不入家门"的观念之影响下，成为一个默而不言的旁观者。在这样的观念下，很多遭受侵害的儿童无法得到及时与有效的保护，甚至一步步走向更加艰难的处境。

毫无疑问，这样的观念已经给儿童保护工作带去了很大的挑战和障碍。因此，在深受此类文化观念影响下的儿童保护工作，需要破除"法不入家门"错误观念，警惕潜在的触法者，鼓励犹豫中的通报者。当然，观念的改变不会是一蹴而就的，而是一个漫长的过程。无论如何，相关的工作依然需要积极地去推动和落实。

（二）对于受理机制

受虐儿童在被发现后，相关部门是否受理，以及受理时对案件的判断，决定了案件后续的处遇发展。调查中呈现出的多部门受理，以及受理标准不明确的现象，为儿童保护工作留下了很多可以自由裁量的空白，影响了儿保工作的有序开展。因此，建构一个明确的受理部门并制定具体的分类处遇标准是一个必经的过程。

1. 构建明确的受理部门，完善评估转介服务。

从 X 市儿童保护的实践来看，现有儿童保护受理机制呈现的是多部门受理的特点。多部门受理，意味着多个部门都可以承担起主责的重任。多部门受理既有优势，也有明显的劣势。从优势方面来说，首先，可以调动多方的资源和力量参与；其次，服务对象也有了更多的选择，可以从多部门中选取自己最信任、最了解的部门去寻求协助。从劣势方面来说，首先，各个部门往往倾向于运用自己熟悉的服务策略、服务方式、服务内容，但是所采取的服务不一定最切合服务对象的现实需要；其次，由于资源分散在各个单位，再加上彼此沟通联络的不畅通，既容易存在服务资源的不足，也易于出现服务资源的重复与浪费，降低了服务的效率。

比较美国、英国等其他国家的做法，针对儿童遭受各类不当对待皆采单一通报，统一受理后再行初筛及派案。基于以服务对象利益为优先的视角，综合衡量多部门受理机制的优势和劣势，我国要逐步改变多部门受理的机制，转而构建一个明确的受理部门，并最好提供一个单一的受理窗口（single door）。单一窗口可以减少不同部门之间不协调的障碍，使服务更加协调（Gilbert & Terrell ，2008）。由于民政部门在传统工作中负责困境儿童的救助，且在最近的政策中被赋予更多关爱与服务的职责，因此从现实的操作层面，以及从既有的政策发展趋势来看，由民政部门作为最前端的受理部门是比较合适的。要将民政作为受理部门，还要进一步给民政部门扩权、增能，以使其能承担起此重任。需要说明的是，建构一个明确的受理部门，并不意味着要彻底削弱其他相关部门在儿童保护中的重要性。受理部门在综合评估之下，也要充分调动和发挥各个部门的服务优势，将多部门的服务资源纳入儿童保护体系之中。因此，完善评估转介的服务机制，同样重要。

2. 制定明确的受理与分类处遇标准，提高决策的科学性。

在建构了一个明确的受理部门后，重要的是要明确受理与分类标准。即是否应该受理，是否构成违法犯罪该由公安等执法司法部门介入。在 X 市的经验中，由于没有精确的受理与分类标准，在一些情节不严重的受害案件上，常会出现公安部门不知是否应该受理现象。在这个方面，我国台湾地区建立了明确的认定是否为儿保个案的标准，以及分类处遇标准以应对这一难题，其经验或许值得借鉴。我国台湾地区的受理部门与主管部门同为地方"社会局"，在接收通报后，受理部门需在规定时间内派"社会局"的社工员前往家庭进行调查评估，决定是否列为保护性个案。对于不成案但符合高风险家庭的，列为高风险家庭关怀处遇服务；对于涉及刑事侦查案件的，则按照刑事侦查程序进行处理。

我们发展儿保体系，一个重要内容是成立风险评估组织，由专业人员对受理的儿保个案上门评估，并根据评估结果进行分类处遇。2019 年底各县（市）已经依托儿童福利院建立儿童福利指导中心，依托乡镇（街道）建立儿童福利服务站和设立儿童督导员，依托村（居）民委员会建立儿童之家和设立儿童福利主任，形成县、乡、村三级基层儿童福利网络。另外，亦有相关专业的社会组织在服务儿童中积累了不少经验。因此，风险评估组织一方面可以依托政府正在构建的儿童福利网络，例如，加强街道级儿童督导员的培训，由督导员承担此工作，或者通过服务购买，依托专业的社会组织进行。

至于如何评估是否符合标准，我国台湾地区做法中一个突出的特点是，大量的量表作为关键决策之辅助工具，在处遇的各流程环节中被开发与使用。如，接案时如何筛选与回应？——分级分类量表；案主是否需要安置？——SDM 安全评估表；后续服务投入程度如何？——SDM 风险评估表；如何设定处遇计划？——家庭功能评估表；是否结案？——SDM 安全评估表、结案表。这些量表为严谨的学术研究之成果，其评估的逻辑及评估项目皆有清楚的定义，工作人员在使用前都接受过相关的教育训练，并在执行过程中不断经由在职训练及督导活动进一步掌握。各种评估量表的使用为社工在复杂的情形下做判断提供了便利；避免了社工依自我意志进行判断的随意性，增强工作的专业性；依照量表指示开展工作，在出现问题时也能避免工作人员独担责任的风险。当然，需要警惕的是，统一化的评估量表和标准化的研判程序，容易忽视每个服务对象的独特脉络，也容易损害受理人员的专业裁量权，使受理人员被量表所束缚，成为执行没有主观能动性的"操作工"（崔萌，2021）。因此，在具体的受理过程中，既要依靠专业的量表，提高受理决策的科学性和效率，也要能够更好地兼顾服务对象的特质，保留一定的灵活空间。

（三）对于处遇机制

世界各国家和地区的儿童保护大多采取"政府主导，私部门协力"的模式。如，我国台湾地区的儿童保护服务走过了近 40 年的历程，基本形成了自己的一套行政当局主导、民间配合、政社互动的工作网络（蔡启源，2017）。与之相似，我们的儿童保护中也体现了政府各部门的主体地位，社会组织协助角色。但在儿童保护的处遇服务中，还存在着政府部门还未做好准备、社会组织发育还不完善的问题。因此想要通过政社的配合达到好的服务成效，则需进一步提升政府相关部门的处遇能力，以及壮大社会组织承接服务的实力。

1. 相关单位积极提升自身工作能力。

当前由政府部门主导的儿童保护工作中，相关的各个部门都存在人力资源与专业性缺乏的问题。针对这一问题，可以从短期和长远两个方面做考虑。从短期来看，一些需要投入大量人力的服务性工作可以继续通过购买服务的形式交由专业的社会组织来做。同时，政府各个条线，包括社区的"儿童福利员"、民政下辖的事业单位儿童福利院、救助站等，对于这部分直接与服务对象接触的服务性单位和岗位，应该补足人力。如福利院和救助站根据新的工作需要，增设服务岗位。在此基础上，加强岗位的人力培训，增强专业能力。

从长远来看，大陆发展儿童保护也可以借鉴我国台湾地区的模式，即发展政府公务员社工来承担儿童保护的主要服务性工作。这种公务员社工不仅是公务员系统中的行政社工，还有与服务对象直接互动的，具有专业知识技能的一线实务社工。对于遭遇侵害的儿童与妇女的保护性社会工作，以及禁毒与矫正等强制性社会工作，这类需要更多公权力的介入和跨部门协作的服务领域，由直接来自政府体系中的社工来处遇，相比不具权威性的民间社工来处遇更具有操作性。

2. 继续培育社会组织参与儿童保护。

无可质疑，民间社会服务组织是儿童保护服务输送体系中的重要力量。从当前 X 市儿童保护的实践来看，无论是民政，还是妇联，都已与社会组织建立密切合作关系。除了应急性的儿童救助之外，民政和妇联还通过项目购买的方式，与社会组织开展长期合作。而团委、检察院、法院、公安等相关的部门虽然还较少与社会组织有直接合作关系，但是这些部门的工作人员已经意识到本职工作的局限，以及社会组织的特殊意义。因此，从过往的基础以及从现实的需要来看，广大的社会组织将在儿童保护工作中发挥越来越重要的作用。

实际上，通过购买社会组织服务，将社会组织的力量整合进儿童保护体系中，可以视为一种服务整合的方式。在前文提到的"特定的使用管道"（specialized access structure）和"目的性复制"（purposive duplication）两种服务整合的方法中（Gilbert & Terrell，2008），"特定的使用管道"是在原有的福利输送结构中加入了新元素，改变了输送系统的组合成分，那么，当前正在构建的县、乡、村三级基层儿童福利网络正是这种做法。而引进社会组织，可视为"目的性复制"的方式。社会组织，在原来的体制之外，通过承接部分或者全部服务，可以为已有的案主提供更多选择，或者为被忽略的弱势群体提供服务，同时，也可以激励出更多服务创意。尤其在县、乡、村三级基层儿童福利网络还不完善，大量服务需要实施的情况下，引入社会组织是一项快速有效的解决办法。

然而现实的困境是，社会组织尽管被赋予了殷切的希望，但自身却面临重重的困难。发展儿童保护工作，一个很多的困难之处在于还未有足够多、足够专业的社会组织来支撑儿童保护的相关服务。法律和行政体系的建构可以在短时间实现，社会力量的培育却需要更长的时间。一方面，对于政府来说，通过政府购买服务、社会组织孵化园建设，不断培育服务于儿童及其家庭的社会组织，仍是一项需要长期坚持的工作；另一方面，从作为主体性的社会组织来说，打铁还需自身硬，只有不断在"强政治性"的环境下积极探索自己的生存与发展空间，努力提升自身的专业能力，获得相关部门与社会大众以及有关的资助方之认同，才能真正在儿童保护的工作中，发挥更积极也更有效的作用。

3. 进一步发挥专业社会工作的作用。

儿童保护工作作为一种保护性工作，其实务情境充满复杂性与风险性，对其专业素养提出了更高的要求。以我国台湾地区为例，其儿童保护服务是以社会工作专业人员为核心的。从前端通报救援、调查评估、处遇评估、庇护安置、结案等各个流程，到家庭处遇等服务方案的实施，都是专业社工发挥主导作用。他们秉持专业伦理与价值，运用专业知识和不断积累的实务智慧，成为儿童保护工作中最重要的力量。无论针对在公部门的社工，还是私部门的社工，都制定了具有专业特色的督导制度和继续教育制度（崔萌，2021）。

如上文所述，X 市在相关部门与社会组织合作的经验中，相对的重视心理学的作用，而相对轻视社会工作的作用。这表面上看是两个学科之间的差异，更深层次的原因则是相关部门在现有的儿童保护工作中，重视儿童遭受伤害事件初期的应急性干预和辅导，而相对较少关注事前的预防性和发展性工作，以及事后的长期的持续性追踪辅导与服务。在这种情况下，更专精的心理咨询在紧急处遇中更容易受到重视。因此，在儿童保护的工作实践中，想要充分发挥社会工作的作用，一个重要的举措，就是要尽快改变只重视事后干预式的"弥补性"救助机制，而要更加重视事前的预防性与发展性工作，以及后续长期的追踪与辅导服务。实际上，这要求现有的儿童保护模式要从事后补救的儿童保护模式向更具综合性的家庭服务模式发展。

除了在事前的预防性和发展性工作，以及事后的长期的持续性追踪辅导

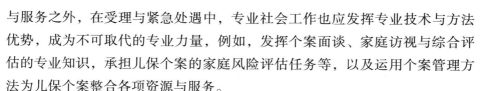

与服务之外，在受理与紧急处遇中，专业社会工作也应发挥专业技术与方法优势，成为不可取代的专业力量，例如，发挥个案面谈、家庭访视与综合评估的专业知识，承担儿保个案的家庭风险评估任务等，以及运用个案管理方法为儿保个案整合各项资源与服务。

三、服务体系的整合与协作

多部门保护是我国儿童保护体系的主要特点，针对这种特点出现的服务破碎化问题，2019 年底的跨部门合作机制还不完善，不足以协调各部门从而实现服务的整合。在这方面，吉尔伯特和特雷尔（2008）所提出来的三种通过"协调"来重整机构间的新关系的方式仍值得我们借鉴。其中，管理集中化（centralization）可以从结构层面确立主责部门，以及梳理各部门之间的工作关系，在高度集中化的科层制的政府体系中是一条重要途径。机构联合处所（agency co-location）要求将各个服务单位整合到同一办公场域，这在儿童保护体系中不太可能完全实现，因为其涉及的部门不仅是社政还有警政、卫生、教育等不同专业领域的部门。个案面合作（case-level coolboration）一直是儿童保护服务体系中最受推崇的有效途径。

（一）结构化整合：民政部门真正肩负起主责部门的重任

虽然多个部门都在自身的职责范围内发挥主责作用，但在完善儿童保护服务体系目标下仍要靠民政发挥主责作用。尤其是从我国相关政策的发展趋势来看，民政部门正在被赋予越来越重要的角色。各项政策已经越发清晰地指明要由民政部门肩负起主要的重任，但是现实的情况还差强人意。

首先，民政部门在自我意识中，还较少意识到自己在儿童保护方面需要发挥的核心与主体作用，相关工作的主动性还不够强，重视的程度还不够。因此，要尽快从法律层面明确民政部门的主责定位，清晰地界定民政部门要发挥作用的空间和途径。

其次，民政部门需要将工作理念从"传统的救济与保底"向"现代的服务与发展"理念的层面来前进。在当前的工作场景中，民政部门依然聚焦在自己传统的救济与救助，"发钱"与"发物"的状态，这与新时期儿童保护工作的要求存在差距。因此，民政部门需要转变自己的理念，从一个单纯的资源发放者转变为更多的"专业服务者"，提供更多具体化、专业化的，具备预防性、发展性的工作，真正回应现实状态下儿童更加多元化的需求。

最后，巧妇难为无米之炊，要想真正发挥民政部门的主责作用，更好地做好儿童保护工作，就要根据科学的测算，加大对民政部门的人力投入和经费投入。使民政部门能够有人办事、有钱办事、有积极性办事。如此才能扎扎实实、真正发挥制度赋予之重任和使命。

（二）协调性整合：完善现有的跨部门合作协调机制

多部门共同参与的儿童保护机制，意味着想要做好儿童保护的工作，就要完善多部门沟通协调机制。具体来说，可以在以下方面做出努力。

首先，建立以民政为主导的正式的、固定的、具有约束力的协调机制。在儿童保护体系中，组织服务角色的厘清，组织间合作关系的正式化、制度化是跨部门合作的重要因素（赵善如，2009）。儿童保护需要进一步明确服务体系运作流程和标准，其中不仅要厘清各个部门自身的职能与角色，还要清晰界定各个部门彼此之间的权利与义务，并以法律或政策条文的形式固定下来。尤其是要正式授权民政部门，为民政部门协调其他部门提供合法依据，弥补民政位阶不足的尴尬处境。

其次，联席会议机制虽然存在诸多问题，但仍有其特殊意义，尤其是在重大特殊个案的协调中发挥作用。为进一步增强联席会议的效用，在会议结构上，会议主持人应由更高层级的领导担任并且由民政部门发挥主导作用。在会议目标上，各部门应互通有无，凝聚集体性的共识，形成一致化、具有目标导向的行动，避免将联席会简单议视为一个展示各自工作与成绩的汇报会。在会议的组织形式上，也可以在儿童保护服务中搭建定期与非定期跨部门沟通会议，即，既有定期的联席会议来不断推动服务体系实施，也要能够在发生重大案件、复杂案件、争议案件时召开不定期联席会议，解决服务体系的漏洞或疑难，推动服务体系的完善。

最后，在实际工作中，除了以上两种正式的机制外，还要有一些非正式的沟通协调管道。X市的例子说明，由于华人文化的特性，单位之间和工作人员之间的这些建立在交情、关系基础上的私交对于解决正式工作中的障碍可能更有效。因此，如通过举办部门联络会等增强非正式的沟通的方式，目前也应当被鼓励。

如此，既有强制性的正式协调制度、机动灵活的联席会议机制，也有非正式的、相对松散但却可能更有效的非正式沟通协调机制，方能因事为制、因地制宜，更好地调动各方的力量，更好地做好儿童保护工作。

（三）服务层整合：运用个案管理方法链接各项资源

个案管理是儿童保护工作中的一种重要和有效的方法（Busschers，Van Vugt & Stams，2016）。实际上，儿童保护服务体系的运作过程也就是个案管理的过程。在儿童保护服务输送中，个案管理是其中一个重要的、必不可少的元素，因为它通过组织化的方式将多部门的服务能够有效衔接与运转起来。

结构性整合和协调整合一般发生在各个部门的行政权限之间，而个案管理更多发生在更具体的各项服务之间。个案管理的效果与服务的整合程度存在重要相关。正如史蒂芬（1992）所言，个案管理的功能及作用如何，全看服务输送系统中的资源与整合能力。因此，在服务资源不多的情况下，环境高度整合之后，个案管理可以对有限的资源实现高度配给（rationing）。

对于个案管理的具体模式，一般可以分为三类：角色为本的个案管理、组织为本的个案管理和责任为本的个案管理（Woodside & McClam，2016）。角色为本的个案管理，其目标是尽量通过单一的服务窗口使服务对象获取所有所需的服务，强调个案管理员在其中承担的为服务对象与各项不同服务牵线搭桥的角色，保证服务的效率和品质。组织为本的个案管理，力图使服务对象能够在单一服务场所获取多重服务，因此，对服务场所的服务效能提出了更高的要求。这主要发生在福利院等综合性服务场所。责任为本的管理，则试图在专业服务结束后，在服务对象仍需要服务时，将服务管理的责任由专业人士转移到家人、朋友、社区等非专业人士的身上，使服务对象能够在有需要的时候，及时获取支持。显然，在儿童保护中，角色为本的个案管理值得服务提供者重点借鉴。而在服务对象回归健康的家庭后，也应当继续责任为本的个案管理模式，保持非正式服务资源对儿童的持续支持。

第三节　研究限制与研究展望

一、研究限制

本书的特点在于，是从实际执行层面出发的，对儿童保护服务体系最新发展的一次涉及多部门的全面系统研究。研究结果对于了解我国儿童保护服务体系的发展现状与困境，对于如何进一步发展相关法律与政策促进体系的完善，对于发现并补齐实务操作方面的薄弱环节，可以有所借鉴与参考。即本书在知识生产、法律政策完善以及实务发展方面具备一定的价值。

诚然，虽然也充分考虑了研究的信度与效度，但本书仍存在一定的限制，主要反映在以下几个方面。

第一，研究方法与反身性。在质性研究中，研究者可看作一个重要研究工具，因而研究者的主观价值对研究的影响是深刻的。研究者本身在儿童服务的实务领域有多年的工作经验，与本书中的多部门在实务工作中有过不少接触，因而在一定程度上对这些部门的职能、角色、彼此之间的相互协调配合等，有一些既有的看法。这可能使研究沾染着研究者个人的价值倾向。另外，研究者来自社会工作专业，对于社会工作专业存在很强的认同，对于社会工作在儿童保护服务体系中发挥重要作用怀着很高的期待，这种价值立场和情感倾向可能会使研究者在访谈过程给予社会工作更多关注，在分析过程给予社会工作专业更多偏好。对此，研究者以开放的态度接纳来自受访者或同行的审视。

第二，研究发现与解释性。本书关注的并非为一个小而深的议题，而是一个涉及面向较多、较为宏观的服务体系。研究反映的是总体的状况，以主题的形式呈现，可能一些细节没有被概括在内，一些特殊情形没有归纳进来。特别是在通过画图或列表的方式进行总结时，图表虽能够清楚和系统地归纳信息，但也容易漏失丰富的细节和特例，尤其涉及各个部门的职能、角色这类内涵宽广且在发展变化的主题时，用单一词汇进行概括是困难的。研究者尽管严格遵循主题研究的方法，但在研究过程中始终诚惶诚恐。因此，需要说明的是，本书的发现和结论在较抽象的架构层面，即在服务体系的整体层面，存在较好的解释力，对于服务体系中的每一个环节，在全面而深入地描述与分析上还有待进一步探索。

第三，研究脉络与推论性。实际上，任何一项政策的出台以及有效实施，都与当地发展脉络存在关系，如政治传统、经济发展、文化结构等。而我国地域范围广，地区差异大，东部与西部，城市与农村，民族地区与非民族地区的相异性不言而喻；甚至城市规模相近、地理位置相邻的城市与城市之间，也会因一些如领导的个人风格等因素而在相关政策的发展上存在差距。而本书的发现与结论是建立在对经济发展水平相对较高，政策跟进相对较快，文化相对较开放的东部某沿海城市的经验，因此在面对研究推论议题时，应当十分谨慎与小心。可以说，本书更多反映了与 X 市类似城市的儿童保护服务体系的现况与困境，对这些城市儿保的发展有比较好的参考价值。对于其他地区而言，本书的推论则需要更加谨慎。即便如此，由于受中央指导意见的统一引导，各地区儿童保护服务体系的发展具备很多共性特征，本书对其他地区一定程度上存在反思性的借鉴作用和启发意义。

二、研究展望

首先，正如在研究限制中所提到的，儿童保护服务体系中每一个部分都可以用来做更深入的研究。比如，跨部门之间的合作。本书主要描述了跨部门合作的形态是怎样的，而这个议题可开拓的研究空间还很大，例如，对合作的影响因素的研究等。再如，政府和社会组织在儿童保护议题的合作。研究者在访谈中发现了很多有趣的话题，如价值理念的冲突等，可以进一步做研究。实际上，在儿童保护服务体系中类似的这些议题，境外的研究已经有不少理论成果，后续的研究可以与这些理论成果进行有益对话。

其次，在儿童保护处遇中遇到的一些特例，我国学者还鲜有研究关注到。如研究中所提到的"两小无猜"困境、父母监护责任的边界、流动儿童的跨区域合作，这些都是儿童保护服务中复杂而经典的议题，在成熟的儿童保护体系中都有充分讨论和对策。在我国，随着儿童保护服务体系的发展，这些议题也开始涌现出来，在未来必须面对和予以解决。因此，后续的研究可以在这方面做进一步发展。

最后，儿童保护服务体系是一个不断发展的过程，尤其在当前的环境中，相关的政策不断出台，实务体系发展迅速，儿童保护服务开始得到前所未有的关注和发展。在这个快速发展的阶段，一切研究都将很快过时。因此，后续的研究者应该用发展的眼光来看待当前的研究，在本书的基础上，对最新的发展变化持续给予关注，并不断分享研究成果。

参 考 文 献

［1］蔡启源 . 台湾地区儿童性侵害防治的政策与实务 ［J］. 浙江工商大学学报，2017，31（6）：97－105.

［2］曹兴华 . 台湾地区未成年人性侵害防范制度研究 ［J］. 中国青年研究，2017（7）：102－107，113.

［3］陈向明 . 质的研究与社会科学研究 ［M］. 北京：教育科学出版社，2000.

［4］陈宜彣，叶莉莉，冯瑞莺 . 儿童虐待之概念分析 ［J］. 护理杂志，2009，56（4）：71－76.

［5］陈云凡 . 儿童防虐体系比较：社会政策视角 ［J］. 中国青年研究，2011（9）：43－45，52.

［6］崔萌 . 台湾地区儿少保护服务的政策、实务与启示 ［J］. 当代青年研究，2021（2）：122－128.

［7］杜宝贵，杜雅琼 . 中国儿童福利观的历史演进——基于改革开放以来的儿童福利政策框架 ［J］. 社会保障研究，2006（5）：82－88.

［8］段立章 . 观念的阻隔与超越：当代中国儿童权利文化的构建 ［J］. 山东大学学报（哲学社会科学版），2014（2）：88－94.

［9］高廸理，陶蕃瀛 . 服务输送：一个充满变数的社会工作过程 . 迈向二十一世纪社会工作管理专题研讨会 ［C］. 台中：东海大学，1998.

［10］高翔 . 政策相关组织的组织化程度对社会政策制定的影响——以比较中美干预儿童虐待政策为基础的分析 ［J］. 东岳论丛，2015，36（3）：10－15.

［11］国务院第七次全国人口普查领导小组办公室 . 2020 年第七次全国人口普查主要数据 ［M］. 北京：中国统计出版社，2021.

［12］黄君，彭华民．项目制与嵌入式：困境儿童保护的两种不同实践研究［J］．南通大学学报（社会科学版），2018，34（3）：131-138．

［13］简春安，邹平仪．社会工作研究法［M］．台北：巨流图书公司，1998．

［14］李庆芳．我对质性研究的反思：两个三角形与两个问题［J］．组织与管理，2009，2（2）：21-27．

［15］李文军．当前家暴受虐儿童法律保护的局限与完善［J］．学前教育研究，2016（8）：24-31．

［16］李迎生．弱势儿童的社会保护：社会政策的视角［J］．西北师大学报（社会科学版），2006（3）：13-18．

［17］李振林．《反家庭暴力法》的理解与评析［J］．青少年犯罪问题，2016（4）：4．

［18］林典．儿童虐待强制责任报告制度之研究——基于台湾地区的政策文本分析［J］．当代青年研究，2018（4）：57-63．

［19］林典．我国儿童虐待处遇机制研究——从深圳虐童案谈起［J］．预防青少年犯罪研究，2019（1）：67-74．

［20］林胜义．儿童福利［M］．中国台北：五南图书出版公司，2002．

［21］林晓珊．改革开放四十年来的中国家庭变迁：轨迹、逻辑与趋势［J］．妇女研究论丛，2018（5）：52-69．

［22］刘黎红，Chow，J．C．-C．从"拯救儿童"到"促进安全稳定的家庭"：美国受虐儿童家庭维系服务的演进历程与启示［J］．学前教育研究，2018（6）：3-13．

［23］刘向宁．当务之急和制度构建：从南京虐童案看儿童虐待强制报告［J］．中国青年研究，2015（9）：42-46，73．

［24］马亚静．由"南京女童饿死案"透视大陆困境家庭儿童的保护［J］．中国青年政治学院学报，2014，33（3）：38-42．

［25］马焱．妇联组织职能定位及其功能的演变轨迹——基于对全国妇联一届至十届章程的分析［J］．妇女研究论丛，2009（5）：38-47．

［26］满小欧，李月娥．美国儿童福利政策变革与儿童保护制度——从

"自由放任"到"回归家庭"[J]. 国家行政学院学报，2014（2）：94 – 98.

[27] 南方，李萍，吴子劲. 儿童保护中多领域专家团队的国际经验及在中国的探索 [J]. 中国青年社会科学，2019（1）：133 – 140.

[28] 潘才学. 社区福利服务输送体系之研究 [D]. 中国台中：东海大学社会学研究所硕士论文，1983.

[29] 乔东平. 地方政府儿童保护主管机构建设研究——基于 A 县和 B 市的儿童保护试点实践 [J]. 社会建设，2016，3（2）：18 – 27.

[30] 丘彦南，江惠绫. 儿童虐待 [J]. 台湾医学，2010，14（4）：431 – 435.

[31] 尚晓援，窦振芳，李秀红. 一切为了儿童：中国徐州市某区对儿童性虐待案件处理的个案研究 [J]. 山东社会科学，2017（12）：84 – 91.

[32] 尚晓援，刘浪. 解析东亚福利模式之谜——父系扩展家庭在儿童保护中的作用 [J]. 青少年犯罪问题，2006（5）：4 – 11.

[33] 孙莹. 台湾的未成年人保护 [J]. 中国社会工作，1996（3）：51 – 52.

[34] 谭海波，蔡立辉. 论"碎片化"政府管理模式及其改革路径——"整体型政府"的分析视角 [J]. 社会科学，2010（8）：12 – 18，187.

[35] 陶振. 应急协调机制的分类、演进与运作过程——基于协调主体—方式的视角 [J]. 重庆社会科学，2020（3）：94 – 108.

[36] 佟丽华. 解读国务院留守儿童保护政策 [J]. 中国青年社会科学，2016，35（4）：129 – 134.

[37] 童小军. 国家亲权视角下的儿童福利制度建设 [J]. 中国青年社会科学，2018，37（2）：102 – 110.

[38] 王文科，王智弘. 质的研究的信度和效度 [J]. 彰化师大教育学报，2010（17）：29 – 50.

[39] 王晓燕. 日本儿童福利政策的特色与发展变革 [J]. 中国青年研究，2009（2）：10 – 15.

[40] 王玉香，吴立忠. 我国留守儿童政策的演进过程与特点研究 [J]. 青年探索，2016（5）：42 – 50.

［41］王云东．社会研究方法——量化与质性取向及其应用［M］．中国台北：威仕曼文化事业股份有限公司，2007．

［42］魏戈，陈向明．质性研究·多重对话——第五届"实践－反思的质性研究"学术研讨会综述［J］．教育发展研究，2017，37（20）：79－84．

［43］吴鹏飞，刘白明．我国近二十年来儿童权利理论研究述评［J］．江西青年职业学院学报，2021，21（4）：8－10．

［44］肖瑛．从"国家与社会"到"制度与生活"：中国社会变迁研究的视角转换［J］．中国社会科学，2014（9）：88－104，204－205．

［45］熊跃根．福利国家儿童保护与社会政策的经验比较分析及启示［J］．江海学刊，2014（3）：96－103．

［46］薛在兴．美国儿童福利政策的最新变革与评价［J］．中国青年研究，2009（2）：16－21．

［47］杨菊华，孙超．我国离婚率变动趋势及离婚态人群特征分析［J］．北京行政学院学报，2021（2）：63－72．

［48］杨世昌，张迎黎，张东军，等．中国儿童虐待发生率的 Meta 分析［J］．中国学校卫生，2014，35（9）：1346－1348．

［49］姚建龙．防治儿童虐待的立法不足与完善［J］．中国青年政治学院学报，2014，33（1）：10－12．

［50］叶芸，王录平，赖秀龙．基于对儿童保护的法律制度的构建——以虐童事件为个案［J］．当代教育科学，2014（12）：1－14．

［51］易谨．韩国儿童保护法律制度的特色与启示［J］．中国青年社会科学，2018，37（3）：134－140．

［52］易谨．日韩与台湾地区儿童福利工作体系政府职能之比较［J］．中国青年社会科学，2015，34（6）：111－116．

［53］赵川芳．我国儿童保护立法政策综述［J］．当代青年研究，2014（5）：71－78．

［54］赵善如．提升儿童少年保护个案家庭处遇组织间合作效能之要素：从实务工作者观点探讨之［J］．台大社会工作学刊，2009（20）：133－177．

［55］郑杭生，黄家亮．当前我国社会管理和社区治理的新趋势［J］．甘

肃社会科学, 2012 (6): 1 - 8.

[56] 郑卫, 胥兴春. 美国"儿童网络保护"及其对我国的启示 [J]. 教育探索, 2016 (10): 149 - 152.

[57] Anfara Jr, V. A., Brown, K. M., & Mangione, T. L. Qualitative analysis on stage: Making the research process more public [J]. Educational Researcher, 2002, 31 (7): 28 - 38.

[58] Arneil, B. Becoming versus being: A critical analysis of the child in liberal theory [M]. Oxford, UK: Oxford University Press, 2002.

[59] Ary, D., Jacobs, L. C., & Razavieh, A. Introduction to research in education 8th edition [M]. Belmont: Wardswoth Cengage Learning, 2010.

[60] Austin, M. J. Human services integration (Vol. 21) [M]. New York: Psychology Press, 1997.

[61] Bai, Y., Wells, R., & Hillemeier, M. M. Coordination between child welfare agencies and mental health service providers, children's service use, and outcomes [J]. Child Abuse & Neglect, 2009, 33 (6): 372 - 381.

[62] Bardach, Eugene. Getting Agencies to Work Together: The Practice and Theory of Managerial Craftsmanship [M]. Washington, DC: Brookings Institution Press, 1998.

[63] Brandon, M., Schofield, G., & Trinder, L. Social Work with Children [M]. London: Macmillan, 1998.

[64] Braun, V., & Clarke, V. Using thematic analysis in psychology [J]. Qualitative Research in Psychology, 2006, 3 (2): 77 - 101.

[65] Bush, R. F., & Busch, P. The relationship of tenure and age to role clarity and its consequences in the industrial salesforce [J]. Journal of Personal Selling & Sales Management, 1981, 2 (1): 17 - 23.

[66] Busschers, I., Van Vugt, E. S., & Stams, G. J. J. M. Case management for child protection services: A multi - level evaluation study [J]. Children and Youth Services Review, 2016, 68: 169 - 177.

[67] Cameron, G., & Freymond, N. Towards positive systems of child and

family welfare: International comparisons of child protection, family service, and community caring systems [M]. Toronto: University of Toronto Press, 2006.

[68] Chambers, D. E. Social policy and social programs: A method for the practical public policy analyst [M]. Macmillan College, 1993.

[69] Chambers, D. E, Wedel, K. R. Social policy and social programs: A method or the practical public policy analyst (4th ed) [M]. Boston: Allyn d Bacon, 2005.

[70] Chreim, S., Williams, B., & Hinings, C. R. Interlevel influences on the reconstruction of professional role identity [J]. Academy of Management Journal, 2007, 50 (6): 1515 – 1539.

[71] Denzin, N. K. Triangulation: A case for methodological evaluation and combination [J]. Sociological methods, 1978: 339 – 357.

[72] Featherstone, B., Morris, K., & White, S. Re-imagining child protection: Towards humane social work with families [M]. Bristol: Policy Press, 2014.

[73] Flick, U. An introduction to qualitative research [M]. Thousand Oaks, CA: Sage, 2018.

[74] Fox, L. M. Two value positions in recent childcare law and practice [J]. The British Journal of Social Work, 1982, 12 (1): 265 – 290.

[75] Fulton, Y. Children's rights and the role of the nurse [J]. Paediatric Nursing, 1996, 8 (10): 29 – 31.

[76] Gilbert, N. Combatting child abuse: International perspectives and trends [M]. New York: Oxford University Press, 1997.

[77] Gilbert, N. and Terrell, P. Dimensions of Social Welfare Policy, 5th ed [M]. Boston: Allyn and Bacon, 2008.

[78] Gilbert, N., Parton, N., & Skivenes, M. Child protection systems: International trends and orientations [M]. New York: Oxford University Press, 2011.

[79] Guba, E. G. Criteria for assessing the trustworthiness of naturalistic inquiries [J]. Educational Communication and Technology, 1981, 29 (2): 75 – 91.

［80］ Hall, J. A., Carswell, C., Walsh, E., et al. Iowa Case Manage-ment: Innovative Social Casework ［J］. Social Work, 2002, 47 （2）: 132 – 141.

［81］ Hallett, C. Interagency coordination in child protection ［M］. HM Sta-tionery Office, 1995.

［82］ Harding, L. F. Perspectives in childcare policy ［M］. New York: Routledge, 2014.

［83］ Harris, R., Timms, N. W., & Timms, N. Secure Accommodation in ChildCare: "Between Hospital and Prison or Thereabouts?" ［M］. London: Routledge, 2002.

［84］ Hegar, R. L. The rights and status of children: International concerns for social work ［J］. International Social Work, 1989, 32 （2）: 107 – 116.

［85］ Horwath, J., & Morrison, T. Collaboration, integration and change in children's services: Critical issues and key ingredients ［J］. Child Abuse & Neg-lect, 2007, 31 （1）: 55 – 69.

［86］ Ife, J. Human rights and social work: Towards rights-based practice ［M］. New York: Cambridge University Press, 2012.

［87］ J. McCrae, M. Scannapieco, R. Leake, et al. Who's on board? Child welfare worker reports of buy-in and readiness for organizational change ［J］. Chil-dren and Youth Services Review, 2014, 37: 28 – 35.

［88］ Janesick, V. J. The choreography of qualitative research design ［M］. Handbook of Qualitative Research, 2000: 379 – 399.

［89］ Ji, K., & Finkelhor, D. A meta-analysis of child physical abuse prevalence in China ［J］. Child Abuse & Neglect, 2015, 43: 61 – 72.

［90］ Jones, J. M., Crook, W. P., & Webb, J. R. Collaboration for the provision of services: A review of the literature ［J］. Journal of Community Prac-tice, 2007, 15 （4）: 41 – 71.

［91］ Kadushin, A., & Martin, J. A. Child welfare services. 4th. ed ［M］. New York: Macmillan, 1988.

［92］ Kahn, R. L., Wolfe, D. M., Quinn, R. P., et al. Occupational stress: Studies in role conflict and ambiguity [M]. New York: Wiley, 1964.

[93] Kodner, D. L., & Feldman, K. S. The service coordination/delivery dichotomy: A critical issue to address in reforming the long-term care system [J]. Home Health Care Services Quarterly, 1982 (3): 59 – 68.

[94] Kraft, M. E., & Furlong, S. R. Public policy: Politics analysis, and alternatives (3rd ed.) [M]. Washington, DC: CQ Press, 2010.

[95] Kwok, S. Y., Chai, W., & He, X. Child abuse and suicidal ideation among adolescents in China [J]. Child Abuse and Neglect, 2013, 37 (11): 986 – 996.

[96] Kwok, S. Y., Gu, M., & Cheung, A. A longitudinal study on the relationship among childhood emotional abuse, gratitude, and suicidal ideation of Chinese adolescents [J]. Child Abuse and Neglect, 2019, 94: 104.

[97] Kwok, S. Y., Gu, M., & Cheung, A. P. A longitudinal study of the role of children's altruism and forgiveness in the relation between parental aggressive discipline and anxiety of preschoolers in China [J]. Child Abuse and Neglect, 2017, 65: 236 – 247.

[98] Kwok, S. Y., Yeung, J. W., Low, A. Y., et al. The roles of emotional competence and social problem-solving in the relationship between physical abuse and adolescent suicidal ideation in China [J]. Child Abuse and Neglect, 2015, 44: 117 – 129.

[99] Li, X., Wang, Z., Hou, Y., et al. Effects of childhood trauma on personality in a sample of Chinese adolescents [J]. Child Abuse and Neglect, 2014, 38 (4): 788 – 796.

[100] Lin, D., Li, X., Fan, X., et al. Child sexual abuse and its relationship with health risk behaviors among rural children and adolescents in Hunan, China [J]. Child Abuse and Neglect, 2011, 35 (9): 680 – 687.

[101] Lin, X., Li, L., Chi, P., et al. Child maltreatment and interpersonal relationship among Chinese children with oppositional defiant disorder [J]. Child Abuse and Neglect, 2016, 51: 192 – 202.

［102］Lincoln, Y. S. , & Guba, E. G. Naturalistic inquiry ［M］. Beverly Hills, CA: Sage, 1985.

［103］Loomis, J. F. Case management in health care ［J］. Health & Social Work, 1988, 13 (3): 219 – 225.

［104］Lowden, J. Children's rights: A decade of dispute ［J］. Journal of Advanced Nursing, 2002, 37 (1): 100 – 107.

［105］Lupton, C. , & North, N. Working together or pulling apart? The National Health Service and Child Protection Networks ［M］. Policy Press, 2001.

［106］Manful, E. , & McCrystal, P. Conceptualisation of Children's Rights: What Do Child Care Professionals in Northern Ireland Say? ［J］ Child Care in Practice, 2010, 16 (1): 83 – 97.

［107］Marije, S. , Marian, J. B. – K. , & Marinus, H. v. I. The neglect of child neglect: A meta-analytic review of the prevalence of neglect ［J］. Social Psychiatry and Psychiatric Epidemiology, 2013, 48 (3): 345 – 355.

［108］Marshall, C. , & Rossman, G. B. Designing qualitative research ［M］. Thousand Oaks, CA: Sage, 2014.

［109］Maxwell, J. Understanding and validity in qualitative research ［J］. Harvard Educational Review, 1992, 62 (3): 279 – 301.

［110］Maxwell, J. Qualitative research design: An interactive approach (Vol. 41) ［M］. Thousand Oaks, CA: Sage, 2012.

［111］Minichiello, V. , Aroni, R. , & Hays, T. In – depth interviewing: Principles, techniques, analysis ［M］. Sydney: Pearson Australia Group, 2008.

［112］Neuman, L. W. Social Research Methods: Qualitative and Qantitative Approaches ［M］. Boston: Allyn and Bacon, 2007.

［113］O'looney, J. Beyond privatization and service integration: Organizational models for service delivery ［J］. Social Service Review, 1993, 67 (4): 501 – 534.

［114］Packard, T. , Patti, R. , Daly, D. , & Tucker – Tatlow, J. Implementing services integration and interagency collaboration: Experiences in seven counties [J]. Administration in Social Work, 2013, 37 (4): 356 – 371.

[115] Padgett, D. K. Qualitative methods in social work research: Challenges and rewards (2nd ed.) [M]. Thousand Oaks, CA: Sage Publications, 2008.

[116] Reay, T. , Golden – Biddle, K. , & Germann, K. Legitimizing a new role: Small wins and microprocesses of change [J]. Academy of Management Journal, 2006, 49 (5): 977 – 998.

[117] Roberts – DeGennaro, M. Developing case management as a practice model [J]. Social Casework, 1987, 68 (8): 466 – 470.

[118] Sandfort, J. The structural impediments to human service collaboration: Examining welfare reform at the front lines [J]. Social Service Review, 1999, 73 (3): 314 – 339.

[119] Selden, S. C. , Sowa, J. E. , & Sandfort, J. The impact of nonprofit collaboration in early child care and education on management and program outcomes [J]. Public Administration Review, 2006, 66 (3): 412 – 425.

[120] Shaw, S. , Elston, J. , & Abbott, S. Comparative analysis of health policy implementation: The use of documentary analysis [J]. Policy Studies, 2004, 25 (4): 259 – 266.

[121] Smith, C. , Fluke, J. , Fallon, B. , et al. Child welfare organizations: Do specialization and service integration impact placement decisions? [J]. Child Abuse & Neglect, 2018, 76: 573 – 582.

[122] Smith, J. K. Quantitative versus qualitative research: An attempt to clarify the issue [J]. Educational Researcher, 1983, 12 (3): 6 – 13.

[123] Sonsel, G. E. , Paradise, F. , & Stroup, S. Case-management practice in an AIDS service organization [J]. Social Casework, 1988, 69 (6): 388 – 392.

[124] Sowa, J. E. Implementing interagency collaborations: Exploring variation in collaborative ventures in human service organizations [J]. Administration & Society, 2008, 40 (3): 298 – 323.

[125] Stephen, M. Case management and the integration of services: How service delivery systems shape case management [J]. Social Work, 1992, 37 (5): 418 −423.

[126] Stewart, D. W. , & Shamdasani, P. N. Focus groups: Theory and practice (Vol. 20) [M]. Thousand Oaks, CA: Sage Publications, 2014.

[127] Strauss, A. , & Corbin, J. Basics of qualitative research [M]. Sage Publications, 1990.

[128] Stryker, S. Identity theory and personality theory: Mutual relevance [J]. Journal of Personality, 2007, 75 (6): 1083 −1102.

[129] Stryker, S. , & Burke, P. J. The past, present, and future of an identity theory [J]. Social Psychology Quarterly, 2000, 63 (4): 284 −297.

[130] Tang, K. , Qu, X. , Li, C. , et al. Childhood sexual abuse, risky sexual behaviors and adverse reproductive health outcomes among Chinese college students [J]. Child Abuse and Neglect, 2018, 84: 123 −130.

[131] Wang, F. , Wang, M. , & Xing, X. Attitudes mediate the intergenerational transmission of corporal punishment in China [J]. Child Abuse and Neglect, 2018, 76: 34 −43.

[132] Wang, M. Harsh parenting and peer acceptance in Chinese early adolescents: Three child aggression subtypes as mediators and child gender as moderator [J]. Child Abuse and Neglect, 2017, 63: 30 −40.

[133] Wang, M. , Wang, X. , & Liu, L. Paternal and maternal psychological and physical aggression and children's anxiety in China [J]. Child Abuse and Neglect, 2016, 51: 12 −20.

[134] Wells, R. , Jolles, M. P. , Chuang, E. , et al. Trends in local public child welfare agencies 1999 − 2009 [J]. Children and Youth Services Review, 2014, 38: 93 −100.

[135] Wenar, L. The nature of rights [J]. Philosophy & Public Affairs, 2005, 33 (3): 223 −252.

[136] Wolcott, H. F. Transforming qualitative data: Description, analysis,

and interpretation ［M］. Thousand Oaks, CA: Sage Publications, 1994.

［137］ Woodside, M. R. , & McClam, T. Generalist case management: A method of m human service delivery ［M］. Cengage Learning, 2016.

［138］ Wringe, C. A. Children's rights: A philosophical study ［M］. London: Routledge & Kegan Paul, 1981.

后　　记

　　这是一本关于儿童保护的研究著作，而我们每个人都是或者曾是儿童。一个成熟、完善、有效的儿童保护服务体系是如此的重要，它将为无数儿童的健康成长保驾护航，也让那些遭受伤害的儿童能够尽早远离苦海。相比那些曾经遭遇不幸的儿童，我的童年是幸福快乐的，得益于家人的呵护与陪伴，几乎未曾遭遇过伤害。在大学本科时，社会工作专业的学习让我亲身领略到社会中的不幸场景，也深刻理解了儿童保护工作的紧迫性。在数年的暑假中，我与团队踏足四川省凉山彝族自治州的偏远山村，为那里的儿童提供力所能及的服务。这段经历成为我投身儿童保护研究的原初动力，并在深入学术领域后得以更为全面的理解。硕士阶段，我与伙伴创办了一个服务于弱势儿童的社会工作机构。在与流动儿童、低收入儿童、困境儿童的接触中，我深感儿童保护工作的复杂性。这段经历促使我更深入研究这一领域，最终将儿童保护作为后续研究的主要方向。在台湾攻读博士期间，系统的学术训练使我能够更深入、更全面地思考儿童保护的问题。逐渐形成的理论体系和研究方法，让我更有信心深入挖掘儿童保护领域的故事。这本书的诞生是一段持续成长与思考的旅程，是对儿童保护责任的一种回应。

　　具体到本书出版过程，感谢参与本项研究的35位受访者，是你们的信任、真诚、支持，使得这本书有了生命。特别感谢我的博士导师王笃强教授，以及东海大学的曾华源老师、陈琇惠老师、吕朝贤老师、彭怀真老师、刘珠丽老师、郑期伟老师等，你们的学术素养和无私支持为本书奠定了基础。在中央财经大学工作的这段时间，感谢领导和同事们提供的舒适工作环境和学校对出版的经费支持。特别感谢经济科学出版社本书的责任编辑，你们的专业和支持使得这本书更加完善。在整个田野调查、写作和出版的过程中，感谢所有帮助过我的老师、长辈和朋友们，你们的关照让这个项目更加丰富和完整。

　　未来，儿童保护事业亟待更深入的研究和更加有效的实践。首先，随着社会的不断发展，儿童保护的形式也在发生着变化。我们需要更具前瞻性的方法和理念去思考儿童保护工作在新时代的应对之策。在这个过程中，跨学科研究为儿童保护领域带来了新的发展机遇。社会工作、法学、心理学等学科的深度融合为我们提供了更为全面深刻的视角，深刻剖析了儿童面临的问题。这种协同机制不仅充实了理论体系，更为儿童保护的实践提供了更科学的指引。跨学科合作推动着儿童保护领域的不断创新，深入挖掘未知领域，为儿童保护工作提供了更多元的解决途径。其次，儿童保护服务体系的建设需要更多的国际经验借鉴。在全球化的时代，我们不能仅仅关注国内的状况，还需要学习和吸收其他国家成功的儿童保护经验，从中汲取启示，不断完善我们的体系。同时，我们也要更加注重文化差异和社会背景的考量。借鉴国外成功案例的同时，我们应该根据中国的实际情况，打造更符合国情的儿童保护体系，强调家庭和社区的角色，促使社会各方更多地参与到儿童保护中来。最后，我们要更加注重基层工作和社会参与。近几年，相关的法律政策密集出台，儿童保护的架构体系正不断搭建完善。然而，儿童保护不仅仅是政府的责任，更需要社会各界的共同参与。基层社会工作者的角色至关重要，他们是最直接接触儿童的群体，需要得到更多的支持和培训，使他们能够更好地履行儿童保护的职责。

　　希望这本书能够为广大关心儿童成长的读者提供一些思考和启示，共同努力，让每个孩子都能在关爱中茁壮成长。但我深知这本书存在许多不足之处，希望读者能够提出宝贵的批评与建议，共同促进儿童保护事业的发展和进步。

崔 萌

2024 年 5 月